English for Effective Negotiation

ビジネス交渉の英語

Yojiro Ii / *V. Randall McCarthy*
井 洋次郎／V. ランダル・マッカーシー

[著]

The Japan Times

はじめに

●

　急速なビジネスの国際化の中、私たちが英語で交渉をする機会が飛躍的に増えてきました。以前なら英語で交渉をするのは、長年経験を積んだひと握りの人たちでした。しかし今は、輸出入の仕事をする人たちはもちろんですが、そうでない人たちも国際的なビジネスに携わり、英語で交渉する時代です。また以前は珍しかった外資系の企業も、今ではごく当たり前の存在になりました。日本には現在3000社以上の外資系企業があり、30万人以上の日本人が働いています。このような外資系企業では、日々の業務に関する社内交渉も英語で行われることが多いのです。経済のグローバル化が進む中、こうした傾向は今後ますます加速し、英語で交渉をしなければならない人たちの数はこれまで以上に増えていくことでしょう。

　第1章で詳しく説明しますが、英語のnegotiationは単なる駆け引きではありません。ビジネスにおけるnegotiationは、取引を行う者同士が、取引条件について合意に到達しようとするプロセスと考えてよいでしょう。つまりビジネスそのものと考えることができます。したがって英語で交渉する能力は、国際的なビジネスを成功させるために、なくてはならないものなのです。

　本書は、英語で交渉をする必要のある人、はじめて英語の交渉に臨む人、そして将来のために英会話を超えた英語能力を身につけたいと考えている人を対象にしています。

　英語での交渉といっても、それは日本語での交渉と、いったいどこが違うのか、またどのように準備をすればよいのか、さっぱり見当がつかないという人も多いのではないかと思います。そこで第1章では、国際的な交渉とはどういうものか、日本人の交渉スタイルと欧米の交渉スタイルはどのように違うのか、外国人がよく使う交渉戦術はどのようなものか、そして英語の交渉のための準備はどのようにすればよいのかを解説しました。

　第2章では、交渉に役立つさまざまな英語表現を、使いやすいように機能別に紹介しました。この章を利用して頭の中の英語表現の引き出しを整理してください。そうすれば、必要に応じて使いたい表現が引き出しから取り出せるようになります。またいろいろな状況での交渉を想定して実践的な例文を用意しましたので、自分のビジネス状況に当てはめて活用してください。なお、さま

ざまな交渉状況を設定する都合上、本書の主人公の田中さんが扱う商品がいろいろと変わりますが、ご了承ください。

第3章では、まとめとして3つのケーススタディを用意しました。予算折衝、売買契約交渉、代理店契約交渉の3つで、ごく一般的な交渉状況です。どのような交渉戦術の下で、どのような英語表現が用いられているのか、よく研究してください。もちろんそこに出てくる交渉表現は、その他の種類の交渉でも大いに活用できるものばかりです。

なお本書には、第2章および第3章の交渉サンプルを収録したCDが付いています。これを参考に何度も本書の交渉例を音読し、表現を体に覚えこませてください。黙読し理解するだけでは、英語は上手になりません。適切な表現がいつでも反射的に口から出てくるように練習を積む必要があります。無理に暗記する必要はありませんが、実際に自分で声を出して何度も読むことによって、頭の中に反射神経の回路を作り、また口の筋肉に英語を覚えこませる必要があります。スムーズに読めるようになるまで繰り返し音読することを勧めます。このとき発音、イントネーション、リズム、ポーズの取り方や、声の使い方にいたるまで、そっくりそのままCDの真似をしてみてください。歌の練習をするとき、好きな歌手をそっくり真似るのはとてもよい方法ですが、それと同じです。ものまね大賞を狙うつもりで練習してみてください。そうすることによって自然な英語の発音、イントネーション、リズム、発声方法などが身につきます。

うまく読めるようになったら、自分のビジネスに合わせて状況設定を変えて練習してみてください。相手の反応を想像して受け答えの練習をしてみましょう。声に出して練習することを忘れないでください。また想定される相手の反応をさまざまに変えて、交渉のシミュレーションをしてみます。このような方法で体に覚えこませた表現が、実際の交渉の場で、必要に応じて頭に浮かんでくることに驚かされることと思います。

読者の皆様が、ビジネスの交渉に成功する上で、本書が少しでも役に立つことを願っております。

2001年6月

井　洋次郎
V.ランダル・マッカーシー

C O N T E N T S

第3章　ビジネス交渉ケーススタディ　189

CDには第2章の「交渉例」の会話および
第3章の「ケーススタディ」の会話が収録
されています。【収録時間:61分】

装幀───神長文夫
本文デザイン───(株)芳林社
編集協力───松本静子

第1章
交渉と英語

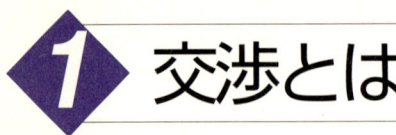

交渉とは

交渉とnegotiation

　皆さんはnegotiation（ふつう「交渉」と訳されます）ということばを聞くと、どのようなイメージを抱かれるでしょうか。きっと多くの人がnegotiationとは「交渉」のことで、「交渉」とはすなわち「駆け引き」というイメージを持っているのではないでしょうか。そして上手な交渉者とは、手練手管を使って相手をうまく言いくるめ、話を自分の思う方向に持っていく人だと考えているかもしれません。もちろん交渉にそういう側面があることは否定できません。しかし、はたしてそれだけでしょうか。

　ちなみにnegotiationを『ロングマン現代英英辞典（第3版）』で引きますと、official discussions between the representatives of opposing groups, who are trying to reach an agreement, especially in business or politicsとあります。すなわち、ビジネスや政治の場などで合意に達する努力をしている、立場を異にするグループの代表者間の公式な話し合いということです。また『オックスフォード現代英英辞典（第6版）』には、a formal discussion between people who are trying to reach an agreementとあり、ほぼ同じような定義です。つまり合意に達するための公式な話し合いというのが negotiationの意味であり、いわゆる「駆け引き」よりは、はるかに広い内容を持っています。とくにビジネスで言う negotiation は、財やサービスを交換しようとする関係者同士の、交換条件についての合意に到達しようとするプロセスと考えてよいでしょう。この本では、「交渉」ということばを、このような内容を持つ negotiation のこととして使っていきます。これは広い意味ではビジネスそのものと言うことができるでしょう。

ビジネスの基本は交渉能力

　交渉は、国家間の政治的な交渉や会社間の商談だけでなく、私たちの日常業務の中にも浸透しています。たとえば予算配分をめぐる交渉や、人員配置に関する交渉、オフィススペースの配分に関する交渉など、社内での部門間のさまざまな交渉に、私たちは巻き込まれています。さらには上司が部下を動かす場合や、同僚同士で仕事を頼む場合、そして部下が上司を動かす場合など、普段はあまり意識していない場面でも、じつは交渉が行われていると考えられます。よく欧米の企業が社員の採用の際にnegotiation能力を重視すると言われますが、それは正にこの理由のためです。すなわち交渉能力があるということは、さまざまな局面においてビジネスをうまく行う能力があるということに等しいからです。

分配交渉と一括交渉

　交渉をどう捉えるかによって、交渉の仕方や到達点が変わってきます。交渉の捉え方には、大きく言って2つあります。分配交渉 (distributive bargaining) と一括交渉 (integrative bargaining) です。

　分配交渉とは、当事者間で一定の資源の配分方法を決めるための交渉形態です。たとえて言えば、大きさの決まっているパイを分け合うための交渉です。海外旅行先での、みやげもの屋での値引交渉などがこれに当たります。

　一括交渉は協調交渉とも呼ばれます。これは当事者同士が相互に解決を必要とする共通問題があることを認識する交渉形態のことです。そしてその共通問題を解決することでパイの大きさや、パイの味を変え、当事者双方が満足のいく結果を引き出そうとするものです。たとえば、私がニューヨークに赴任したときのことです。家族のことを考えて環境のよい郊

外に一軒家を借りようと思いました。不動産業者を通じてちょうどよい家を見つけたところまではよかったのですが、家のリース契約期間が最低でも2年と聞いて困ってしまいました。私の勤めていた会社が1〜2年でニューヨークからヴァージニアに引っ越す計画があり、途中でリースを解約しなければならない可能性があったからです。不動産業者によると中途解約は認められないとのことでした。私は契約書を隅々まで読んでみましたが、たしかにその不動産業者の言うとおりです。そこで、不動産業者をとおして家主に事情を説明し、契約書にペナルティなしの中途解約条項を特別に入れてもらうように交渉しました。何度かのやりとりのすえ、そのような条項を入れることに家主が合意しました。この場合、適切な家を借りたいという私の希望と、家を貸したいという家主の希望があり、その両者が合意に至ることを妨げる要因として、途中での解約ができないと家を借りることができないという双方に共通する問題があったわけです。2カ月前に通知すればペナルティなしで中途解約ができる条項を契約書に追加することを私が提案し、家主がそれを認めることによってこの問題は解決し、双方満足のいく結果になりました。これがいわゆるウィンウィン (win-win) の状況です。その後1年で私はヴァージニアに引っ越さなくてはいけなくなりましたが、この条項のおかげで不利益は被りませんでした。そして、別にそのような義務はありませんでしたが、家主に、次に借りる人をすぐに紹介できたので、双方十分に満足できる結果となりました。

　一般にビジネスでは、当事者が分配交渉に固執するのではなく、共通の問題点を見出して一括交渉に持ち込み、双方が満足できる合意に達するのが理想的だと言われています。みやげもの屋での値引交渉はその場限りのものなので、これを分配交渉と捉えて交渉に当たっても問題がないかもしれませんが、長期的な取引関係を前提とした商談では、パイの分け前の取り合いではなく、パイを大きくしたり、よりおいしくするような一括交渉と捉えて、その解決策を追求すべきでしょう。

　このように交渉においては、個々の局面で自分を有利にするための「駆

け引き」戦術を駆使することが中心ではありません。むしろ交渉とは、全体的な、そして長期的な利益を大事にする当事者双方の戦略と戦略のぶつかり合いなのです。そしてそのぶつかり合いの中から、両者が満足できる結果を作り出そうとするプロセスなのです。

　しかしながら、やはり駆け引きも必要です。パイを大きくしたとしても、そのパイを分けなければなりません。自分のほうが相手に比べて不当に損をするような分け方は、もちろん避けなければなりません。交渉の相手側も同じことを考えるでしょう。正当な分配のためには、やはり戦術も必要です。とくに国際交渉においては、相手がどのような戦術を使っているのかを見抜く力が必要です。そうすれば有効な対抗策を講じることができます。

2 交渉の戦術

日本人の交渉スタイルは外国人に通用しない

　多くの日本人が交渉を駆け引きと考えているようだと先に述べましたが、そのためか交渉に対してネガティブなイメージを持ち、できれば交渉は避けたいと考える人が多いようです。これは、交渉に巻き込まれると、自分はうまく振る舞えないのではないか、そして自分の側が不当に損をするのではないかという恐れを抱くからでしょう。また胃が痛くなるような思いはごめんだという気持ちがあるからかもしれません。ましてや、英語での交渉となるとなおさらです。相手の言っていることを聴き取るのに相当のエネルギーを使い、また自分の言いたいことがなかなか自由に言えない英語での交渉に、苦手意識を持つ人が多いのは当然かもしれません。

　しかし、必ずしも日本人が交渉下手というわけではありません。negotiationという意味での交渉は、ビジネスそのものと言えるものなので、じつは日本人も、無意識のうちにいつも交渉をしているのです。ただ交渉のスタイルが多くの外国の人たちと違っているのです。よく言われるように、日本人は公式の席での対立を避ける傾向があります。このためビジネスでも、十分に時間をかけて根回しをしておき、実際の会議ではなるべく波風が立たないように仕事を進めようとする傾向があります。実際、日本人同士で仕事をするかぎり、このやり方であれば時間はかかるものの表面的にはスムーズに物事が運びます。たしかにこのような交渉スタイルは日本人が得意とするところです。しかし問題なのは、国際的な交渉の場で、この日本的なスタイルがあまり通用しないことです。

相手の戦術を見破る

　よく外国の人が交渉中に大声を出したり、机を叩いたりするのを見て日本人が驚いたという話を聞くことがあります。そして少し前まで激しくやり合っていた交渉当事者たちが、休憩時間には打ち解けて親しそうに歓談している姿を見てもっと驚いたという話も聞きます。波風が立つのを嫌う日本人とでは、彼らの交渉に対するアプローチがどうも決定的に違うようです。実際、多くの外国の人たちは、交渉を一種のゲームと見立てて、そのゲームの中でさまざまな戦術を駆使するのです。国際交渉に臨むときは、そのような戦術を使われても、それを見抜き、それに惑わされないようにすることが大切です。それでは彼らがよく使う代表的な戦術をいくつか見てみましょう。

▼いい警官、悪い警官（いいやつ、悪いやつ）戦術（Good Cop / Bad Cop）

　映画やテレビ番組などで警官が容疑者を尋問するときに使う戦術と同じなので、この名前がつけられました。この戦術では、まず悪い（タフな）警官が非常に厳しく容疑者を尋問します。脅迫や威圧を交えた凄まじい尋問に容疑者は必死でもちこたえます。そして電話か何かの用でその警官が席を外した間に、いい警官がやさしそうな態度で容疑者に、担当の悪い警官が戻ってくる前に自白したほうがいいと促します。容疑者はいい警官の装うやさしさに惑わされて思わず自白するというわけです。この戦術は一人でもできます。厳しく容疑者を尋問していた刑事が、あるときふっと気を抜き、容疑者にタバコを勧めたり、カツ丼をご馳走すると、容疑者がホロリとして、思わず犯行を認めてしまうというものです。

　この戦術はビジネス交渉にもしばしば応用されます。すなわち一方の当事者側の2人がチームとなり、そのうちの1人が親切な警官役を演じ、

もう1人が悪い警官役を演じるのです。そして悪い警官役が非常にタフな交渉姿勢をとり、常にその姿勢を崩さず、そのため交渉が難航します。そのうち悪い警官役が重要な用件で席を外し、その間にいい警官役が、より簡単に交渉がまとまる提案を、困り果てている交渉相手に対してするのです。1人でこの戦術を使うことも可能です。たとえば本社の人間を悪い警官役にし、自分がいい警官を演じるというわけです。またもう予算が決まっているような場合なら、予算を悪者にする手もあります。

　この戦術は、単純ながら成功の度合いが高い効果的な戦術です。交渉相手がこの戦術を使っていないかどうかよく注意し、もし使っているようなら、相手方の2人が一緒にいるところで交渉を続けようとカウンターパンチを繰り出すようにします。このようにすれば相手の戦術は効果を発揮できません。また相手は戦術を悟られたことに気がついて受け身となり、逆にこちら側が優位に立ちます。ウォートンスクールのシェル教授は、相手がこの戦術を使っていることに気がついたら、"It looks as if one of you is playing the good guy and the other is playing the bad guy."（おひとりがいいやつ、もうおひとりが悪いやつを演じているように思われます）とおおっぴらに指摘することを勧めています。また別の対抗手段は、相手のこの戦術を無視することです。悪い警官がいくら脅しても、いい警官がいくら甘言を弄しても、こちら側が動じなければこの戦術は効果を発揮しません。

　このように、この「いい警官、悪い警官」戦術の欠点は、よほど上手く演技をしないと相手に見破られる恐れがある、ということです。

▼ハイボール・ローボール戦術 (Highball / Lowball)

この戦術を使う交渉者は、ばかばかしいほど高い（あるいは低い）オファーで交渉を始めます。そうすることで自分に有利な妥結点に相手側を誘導しようとするものです。これに対しては、相手のペースに乗らないようにすることです。あまりにばかばかしいオファーが続くときは、交渉の中止を匂わせることが有効です。

▼おまけ戦術 (The Nibble)

それまでに話し合われていなかった相対的に小さな金額のものを、交渉締結のためのおまけとして要求する戦術です。たとえば洋服屋で何着ものスーツを試着した男性が、もしネクタイをおまけにくれたらこのスーツを買ってもよいと店員に言うような交渉戦術です。相手がこの戦術を使ってきたら、納得がいかないかぎりきっぱりと断るのが得策です。また自分からこの戦術を使うのはあまりお勧めできません。みやげもの屋での値引交渉のように、その場限りの交渉ならば、後に禍根を残すことはありませんが、長期的な取引関係を結ぼうとしているときにこの戦術を使って成功しても、相手側は、騙された、うまくしてやられたと感じ、将来の取引関係に何らかの影を落とす可能性があるからです。

▼ボギー戦術 (Bogey)

自分たちにとってそれほど価値のないものを、あたかも非常に重要なものであるかのように装い、これを交渉のネタに使ってより価値のあるものを引き換えに手に入れる戦術です。たとえば十分に灯油の在庫を持っている石油販売会社が、急に寒波が来たので暖房用の灯油を急いで手に入れたい買い手に対し、この時期灯油を至急手当てすることがいかに大変であるかを力説し、買い手から価格に関する大幅な譲歩を引き出すというような戦術です。この戦術に対抗するには、普段から十分に情報を収集・分析し、状況を的確に把握しておくことが必要です。そうすれば、そのネタが

相手にとって本当に価値のあるものかどうか見抜けるはずです。

　まだまだいろいろな戦術がありますが、要は相手の戦術を見抜き、まったく無視するなり、それを指摘するなりしてその効力を殺ぐことが効果的です。

交渉の準備

■ コミュニケーションの「ノイズ」に対処する

　交渉の準備をするに当たって私たちが忘れてはならないことは、交渉がコミュニケーションの1つの形態であるということです。人間同士のコミュニケーションでは、メッセージの送り手と、メッセージの受け手がいます。円滑で効果的なコミュニケーションのためには、メッセージの送り手は、受け手のことを事前によく研究する必要があります。

　送り手がAというメッセージを送ったつもりでも、受け手がそれをBというメッセージだと理解したのでは、正しいコミュニケーションとは言えません。このようにメッセージが正しく伝わらないことを、コミュニケーション理論では、「ノイズ」が発生すると言います。このノイズはいろいろな原因で発生します。

■ 相手のニーズを正確に読む

　日本人が英語で交渉するときにまず考えられるのが、英語を間違えて使ったためにノイズが発生するケースです。また英語は正しくても、交渉

相手の分析を間違えると効果的なコミュニケーションにならないことがあります。交渉相手の目指すゴールがどこにあるかをよく分析し、理解しておかなければ、相手が合意できる結論に達することができません。また相手のゴールを過大に想定してしまうと、こちら側がしなくてもよい譲歩をしてしまうかもしれません。相手のニーズをかなり正確に読む必要があります。

交渉相手の文化について調べる

異なる文化がノイズの発生原因となる可能性があります。一般にアメリカ人はフランクだが気が短く、ドイツ人はロジックを尊び、中国人は細かいつじつま合わせよりも共に仕事を続けていける友好関係を大事にし、またアラブ人は感情に訴える傾向があると言われています。このような相手の文化を知らずに交渉に臨むと、思いもかけない相手の反応にイライラしたり、相手の誠意を疑ったり、あるいは相手に無用の誤解を与えたりして、交渉がうまくゆかなくなる可能性があります。交渉相手の文化を事前に知ることが大切です。

交渉相手の文化については、その文化圏の人と交渉経験のある人に話を聞くのが参考になります。また大きな図書館の異文化コミュニケーションに関するコーナーには、参考になる本があるかもしれません。

交渉相手について調べる

交渉相手に関する下調べにはたっぷり時間をかけ、ていねい行う必要があります。相手の会社については、これまでの取引内容、同業者や取引先からの情報、公表されている資料等で調べることができます。また交渉相手個人についても、その友人や出身校の同級生、元の同僚や上司や部下、あるいはゴルフクラブやブリッジの仲間などから、人柄、性格、地

位、持っている権限、よく使う戦略や癖などを調べます。何もそこまでしなくてもと思うかもしれませんが、外国の交渉担当者は交渉相手個人に関するこの手の調査をよく行います。

交渉はアポ取りから始まる

交渉ではよい雰囲気をつくることが成功のための重要なポイントです。そのためには相手によい印象を与えることが大事です。アポイントメントを取るときから、その点に気をつけるようにしたいものです。電話では、明るく、はっきりした話し方を心がけ、礼儀正しい英語でアポイントメントを取るようにします。手紙では、やはり礼儀正しく、明確に、かつ簡潔に面会を申し込みます。

英語で自社紹介ができるように準備する

商談では、初めての相手に対して自社を紹介する必要があります。しかし普段からよく勉強しておかないと、自分の会社について英語で説明するのは意外とむずかしいものです。自分の会社についての基本的な質問に答えられないと、交渉者としての信用を失いかねません。資本金、売上高、利益、株価、主な取引先、関連会社、主力商品、生産能力、従業員数、支店網、販売経路、取締役会のメンバー、社是、社史や、社史に残るエピソードなど、必要に応じていつでも英語で説明できるようにしておきたいものです。

自分の目的を明確にしておく

交渉に先立って決定的に重要なのが、こちらの目的をはっきりと把握することです。自分の目的をよく吟味しないで交渉を始めてしまうと、ど

こでどれほど譲歩していいのか、あるいはどの線を死守すべきなのかがあいまいになり、満足のいく結果が得られなくなります。みやげもの屋での値引交渉であっても、いくらならその品を買ってもよいが、それ以上だと絶対に買わないというはっきりした目的があれば、交渉はうまくいくでしょう。つまり自分の望む値段かそれ以下でその品が手に入れば満足できます。反対に、その値段まで相手が下げてこなければ、高い買い物をしなくてすんだという意味で満足できます。しかしそのような明確な目的を持たずに交渉を始めてしまった場合、どこで合意に達したらよいのかはっきりせず、結果として高い買い物をしてしまったと後悔することになる可能性が高くなります。もちろんこの場合、その品物がどの程度の価値のものかという事前の情報収集も大切です。

　単純な値段の交渉だけなら自分の目的を把握しやすいのですが、もし同じ品物をたくさん買うと安くするとか、他のものと一緒に買うと安くするなどという代替案がみやげもの屋の側から提示されると、話が複雑になります。下手をすると安さに目がくらんで、必要ないものをたくさん買わされて、後悔するかもしれません。

　実際のビジネス交渉では、いろいろな代替案が出てくる可能性が高いので、まず自分の目的を明確にしておくことが大事です。

自社の強みと弱みを把握する

交渉に先立って大切なことは、自社の強みと弱みをよく知ることです。自社の強みをよく知っていれば、下手に妥協することなく強い態度を貫くことができます。また自社の弱みをよく知っていれば、必要に応じて適切な妥協ができるでしょう。

自社の強みと弱みを知るには、自社の経営資源をよく分析し、また自社を取り巻く競争環境を分析する必要があります。自社の経営資源には、人材、研究開発能力、技術力、特許、設備、生産能力、資金力、情報力、IT能力、十分に差別化された商品やサービスの有無、ブランド認知度、会社の信用度、支店網、流通経路などがあります。競争環境には、ハーバード大学のポーター教授が指摘するように、競争他社の敵対関係、新規参入の脅威、代替品・代替サービスの脅威、自社商品・サービスの買い手の持つ交渉力、そして自社に対する財・サービスの供給者の持つ交渉力があります。

自社の経営資源の分析結果と、競争環境の分析結果を突き合わせて考えてみると、自社の強みと弱みが見えてきます。

ビジネス環境を把握しチャンスを見つける

交渉に先立って、自社をとりまくビジネス環境を分析して把握することも大切です。大きな経済の動向、景気の変動、内外の政治の動き、社会の動向、科学技術の進歩、経営手法の変化、市場の動向、消費者の好みの変化、流行、環境保護の動き、法律や規制についての動き、人口構成の変化、価値観の変化などをよく分析します。

このビジネス環境の分析結果と、先程の競争環境の分析結果を突き合わせ、そこから自社にとってのチャンスや、自社にとっての脅威を読み取るようにします。

自社の戦略を立てる

このようにして、自社の強みと弱み、そして自社にとってのチャンスあるいは脅威を把握した上で、戦略を立てます。以前、アサヒビール社がマーケットシェアを毎年のように落とし、ジリ貧状態に陥ったことがありました。よく知られているように、このとき同社はアサヒスーパードライという新商品を市場に送り出し、数年後にはトップブランドになるという奇跡のカムバックを果たしました。この成功の裏にはさまざまな要因があると思いますが、その1つに戦略の見事さがあります。すなわち同社が消費者の好みの変化を捉え、また競合他社がキリンビールのような苦味の強い味を追求している状況を分析し、そこに自社が生き残るチャンスを見出したのです。そして消費者に浸透した自社の古いイメージや、弱体化した販売網、味が落ちる原因となっている大量の流通在庫などの弱点を、自社の経営資源と競争環境を分析して把握したことです。また、自社には高度な製品開発能力や優れた技術者などの強みがあることも把握しました。こうした分析結果から、まったく新しい味のビールを開発、販売する戦略を立てたのです。またその戦略を実行するプランも見事なものでした。会社のロゴやラベルのデザインを変え、ドライというこれまでのビールには使われていなかったことばを製品名に入れ、古いイメージを払拭しました。また流通在庫を買い取った上で破棄し、新鮮さを確保しました。そして新製品に合うキャラクターを起用したテレビコマーシャルを大々的に行ったのです。

このように、自分の強みと弱みをよく知り、チャンスや脅威を把握して戦略を立案し、それを実行するプランを立てることがビジネスの基本です。交渉の目的によっては、何もここで紹介したアサヒビールのような大規模な調査と分析を行う必要はありませんが、このようなものの見方をし、交渉の準備をすることが大事です。ちなみにここで紹介した強みと弱み、チャンスと脅威を分析し戦略を立てる手法は、SWOT分析と呼ばれ

ています。Strengths and Weaknesses, Opportunities and Threatsの頭文字をとったものです。この手法は、欧米のビジネススクールで広く教えられているものです。

選択肢を用意する

　交渉では、さまざまな問題にぶつかります。とくに一括交渉（協調交渉）では、共通の問題を認識しそれを解決していくことが、交渉成功の鍵となります。問題を解決するためには、まず問題を正確に把握することが大事です。ごく当たり前のことですが、問題を誤って認識していたのでは、うまく解決することができません。前述のニューヨークでの借家の件で、もし私が問題を正しく認識できないまま、中途解約が可能な借家を探し回ったのでは、いつまでたっても家を見つけることができなかったでしょう。不動産業者とのやりとりの中で、私が家を探していたウェストチェスター地域では、統一されたリース契約書式が使われており、中途解約条項はなく、また最低リース期間は2年であるということを私は知りました。そこで、この交渉で不動産業者（つまり家主の代理人）と私が共通に直面している問題は、契約書に中途解約条項を加えることができるかどうかであると私は判断したのです。この問題把握ができたために、中途解約条項を加えることに成功し、無事に家が借りられたわけです。

　もし事前に交渉で問題になりそうな事項の見当がつけば、あらかじめその問題を分析し、その解決のための選択肢を考えてみます。そのとき心がけたいのは、たった1つの解決案を考えるのではなく、複数の選択肢を考えてみるのです。そして各選択肢の長所と弱点を見極めます。たとえば先程の借家の例では、中途解約条項を入れるという選択肢のほかに、私が転勤になった場合、リース契約の残りの期間、その家を誰か別の人に又貸しをする、いわゆるサブリースを認めてもらうという選択肢もありました。また、私が転勤になって引越ししても家を借り続けて家賃を払うとい

う、あまりおいしくない選択肢も可能です。後者の選択肢はなるべくなら
避けたいところですが、サブリースという選択肢も、サブリースを実行す
るときに、後に入る人を見つけなければならず、タイミングよくそういう
人が見つかるかどうかというリスクを背負い込むことになります。その場
合、下手をすると転勤先のヴァージニアとニューヨークの間を行ったり来
たりしなくてはなりません。そう考えると、中途解約条項を認めてもらう
のが、私にとって最善の選択肢のように思われました。

　このように、問題解決のための選択肢をいくつか用意し、それぞれの長
所と短所を分析した上で、好ましさの順位に応じて選択肢に優先順位を
つけておきます。そうすれば相手の出方や、新しい情報などに柔軟に対応
することができます。

プレゼンテーションの準備

　さて、うまくアポが取れ、また相手について十分に調べ、また自分の強
みや弱み、そしてチャンスや脅威もよく理解したとします。戦略も立て、
選択肢も用意しました。そしていよいよ交渉が始まるわけですが、そのと
き、交渉の対象となるプロジェクトや新商品について、交渉相手にプレゼ
ンテーションを行うことが多いと思います。そしてそのプレゼンテーショ

ンの良し悪しが、会社や交渉者としての自分の印象を決めてしまう可能性があります。このためプレゼンテーションには十分な準備が必要です。

まずプレゼンテーションのアウトラインを練るところから、準備を始めます。英語のプレゼンテーションは、序論、本論、結論の3つの部分から成ります。起承転結という構成ではないことに注意してください。私たち日本人は、小学校以来、ものを書くときは起承転結に従うようにと習ってきましたが、これは必ずしも国際的な場でのコミュニケーションにとって有効ではありません。序論、本論、結論という構成に慣れた欧米人は、起承転結を意識したプレゼンテーションに接すると、聞いている途中で、いったい何が言いたいのかわからない支離滅裂なプレゼンテーションだと思うかもしれません。つまり最後の結論にたどり着くまで、その論理展開がわからないのです。これに対して最初に何を言いたいのかを明らかにし、本論でその主張を肉付けし、最後の結論に持っていくという英語的プレゼンテーションをすると、こちらの主張がはっきりと相手側に伝わり、その後の交渉もスムーズに進む可能性が高くなります。

まず序論で、何の話をするのかを簡潔かつ明確に聞き手に告げます。このとき長々としたあいさつや前置きは避けましょう。さもないと聞き手はポイントがつかめず、興味を失います。

次に本論で主題を述べ、それについての自社側の考えを展開します。英語のプレゼンテーションでは、まず自分たちが言いたい最重要ポイントを先に言います。そしてそれをサポートする材料を後から提示していきます。この論理構成は日本人には奇妙に感じられるかもしれません。なぜなら日本人は、一番大切なことは最後に言うものだと思っている人が多いからです。しかし、英語を使う欧米的な交渉の場では、すぐにポイントに入る単刀直入型の話の進め方が普通です。したがって英語的なプレゼンテーションの構成にしたほうが、コミュニケーション的見地からは効果的なのです。具体的には、まず中心的なアイデアを述べ、次にそれを支持する主要アイデアを述べます。さらにその主要アイデアを支持する材料を提

示します。そのような材料には、事実、引用、例示、類推、統計データなどがあります。

　最後の結論部では、主要ポイントを要約するか、あるいは行動を呼びかけるようにします。

　プレゼンテーションの準備で忘れてならないのは時間配分です。時間を決めて、その時間にうまく収まるように内容を練ります。また声に出して時間をはかり、その結果によってプレゼンテーションの長さを調整します。

シャドー英会話による練習

　英会話の練習法として、私はシャドー英会話なるものを提唱しています。読者の皆さんは、シャドー・ボクシングということばを耳にしたことがあると思います。ボクシングの選手がひとりで練習するのを見ていますと、体を捻りながらパンチを出したり、フットワークを生かして移動しながらサンドバッグを打ったり、のけぞりながらパンチを出したりしています。これが、架空の敵を相手に、すばやく身を避けたり、鋭くパンチを繰り出したりしてひとりで練習をする、いわゆるシャドー・ボクシングなのです。昔の剣の達人も、毎日木刀を振り回して練習していました。彼らも相手を想定して、身をかわしたり、相手の隙を見つけて打ち込んだり、と頭の中でさまざまなシミュレーションをしながら、その動きを体に覚えさせていたのです。このようにしてさまざまなケースへの対応法を反射神経のレベルで身につけておけば、いつでも即座に対処できるのです。

　英会話の場合も同じです。普段から実戦を想定して英会話の練習をしておけば、とっさの場合でも即座に必要な表現が口を突いて出てくるものです。たとえば、ビジネス英会話の教材で "General Affairs is on the 8th floor. Take the elevator to the 8th floor. When you come out of the elevator, go right. At the end of the hallway, turn left. Then take the third right and it's the first door on the left."（総務部は8階です。8階

までエレベーターで行って、降りたら右に行ってください。突き当たりを左です。3番目の角を右に曲がると左の最初のドアが総務部の入り口です）という表現を習ったとします。普通は、この表現をよく理解した後、何度も音読して口からスラスラ出てくるまで練習します。しかし、ここで終わってしまってはつまりません。シャドー・ボクシングならぬシャドー英会話の出番です。外国の人に、総務部ではなく人事部への行き方を聞かれたと想定します。自分の会社の人事部に状況を置き換えて、道案内をしてみます。そうすると人事部は8階ではなく5階かもしれません。またエレベーターを降りたら左に行くのかもしれません。そして2番目の角を左に行き、廊下の突き当たりに人事部があるのかもしれません。例文の状況をこの状況に置き換えて、"Take the elevator to the 5th floor. When you come out of the elevator, go left. Then take the second left. Personnel is at the end of the hallway." のように言ってみます。次に購買部、そして広報部などと、次々に習った表現を使って実際の状況に合わせたシミュレーションを行ってみます。またエレベーターを階段に置き換えてみます。このようにすると実際に外国の人に広報部への行き方を聞かれても、即座に英語で答えられるようになります。

　このシャドー英会話練習法を、英語での交渉の準備に応用してみるこ

とを勧めます。たとえば "There's just one more thing. Going back to my original question, is it necessary for all items to include this special feature?"（もう 1 点だけあります。私の最初の質問に戻りますが、製品のすべてがこの特別な機能を持つ必要がありますか）という表現を本書で学んだとします。それを自分がこれから行う交渉の場面を想定して、"There's just one more thing, Mr. Brown. Could we go back to the point I made earlier?" とか "Going back to my second question, is it possible for you to expand production capacity by 10% within a year?" などのように言い換えてみます。本書の例文を利用し、考えられるさまざまなシナリオを想定してシミュレーション練習を積んでください。一部分だけでなく、全体を通してやってみてください。頭の中だけでやるのではなく、実際に声に出して練習すると効果が上がります。交渉の予行演習になりますし、英語表現も身につきます。正に一石二鳥の練習方法です。

▌英語についての心構え

交渉成功のためには、よい雰囲気を作ることが重要です。したがってことば遣いには十分に注意を払いましょう。常に礼儀正しい表現を使うようにしたいものです。

初対面でのあいさつでは、"It's very nice to meet you." とか "I'm pleased to meet you." などと言います。また以前会ったことのある人に対しては、"It's very nice to see you again." とか "It's been a long time. How have you been?" などと言います。これら感じのよい表現が自然に口から出てくるようにしたいものです。このような表現は社交辞令にすぎないかもしれません。しかし、自分が置かれた場面に最もふさわしい社交辞令を、タイミングよく自然に会話の相手と交わすことは、気持ちのよい取引関係を築く上でとても大事なことです。言わば人間関係の潤滑油

です。

そして、ていねいで礼儀正しい表現を研究し、いつでも大人の英語を話せるようにしましょう。たとえ交渉がエキサイトしたときでも、"What on earth are you saying! Did you forget what you said a few minutes ago?" などと大声を出しては品がありません。むしろ "This seems to go against what you said earlier." とか "This seems to contradict your earlier statement." といった礼儀正しい英語を、穏やかに、冷静に口にするほうが、相手の挑発に乗らずにすみますし、その後の交渉を正常な路線に戻しやすくなります。間違っても俗語や "Darn it." などの、ののしりことばを使ってはいけません。

声の大きさとアイコンタクトについて

発言するときは、相手の目を見ながら、ある程度大きな声で、はっきりと言うようにしましょう。メモをずっと見ながら、小さな声でぼそぼそと言ったのでは、迫力も出ませんし、第一、相手にうまく伝わらないかもしれません。相手の目を見る、つまりアイコンタクトをとることは重要です。外国の人は、アイコンタクトを避けようとする人を信用しません。また相手の目を見ていないと、相手の反応を見逃すことになります。相手の表情はいろいろなメッセージを伝えてくるものです。相手がうなずいているのか、首をかしげているのか、怪訝な表情を浮かべているのか、目が輝いてきたのか、首を振っているのか、こうしたことは相手を見ていないとわかりません。小さな声もコミュニケーションを阻害する要因です。いつも小さな声で話していると、コミュニケーションを図る意思がないと思われてしまいます。

英語はゆっくり、一定の速度で話すように心がけます。ゆっくり話すと、相手もそれに合わせてくれますので、聴き取りも楽になります。また、安定したペースを保って話すと、聞いているほうは自然な英語に感じ

るものです。逆にいくら速く話しても、途中で不自然な沈黙があったりすると、聞き手はイライラします。常日頃から一定のペースで英語を話すことを心がけましょう。

　英語の発音について言えば、英語のネイティブスピーカーのような発音をしようと努力する必要はないでしょう。英語は急速にグローバル化し、現在では英語国民の英語というだけではなく国際共通言語としての英語になりつつあります。世界中の人たちがそれぞれの訛りで英語を話しています。したがって日本語訛りのある英語を話しても何も恥ずかしいことはありません。もちろん、あまりひどい発音で何を言っているのかわからないようでは困りますが、発言内容がきちんと相手に伝わるかぎり、英米人のような発音にこだわる必要はありません。

　発音はそれほど正確にできなくても、相手には意味が通じますが、イントネーションとなると話は別です。大胆な言い方をしますと、発音は少々いい加減でも、イントネーションが英語的であれば、英語は通じます。しかし、これとは逆に、個々の単語の細かい発音がいくら正確にできても、イントネーションが不自然だと、英語はなかなか通じないものです。普段から英語教材のCDやテープを聞き、またテレビ、ラジオ、映画などの英語を聞いて、正しいイントネーションを身につける努力をしてください。

英英辞典のすすめ

　ノート、手帳、筆記用具、関係書類の入ったファイルなどは、会議の場に忘れずに持って行きたいものです。そして会議中に大事なポイントをノートしておくことは、とても重要です。辞書を持って行く人も多いと思います。辞書は、英和や和英辞典だけでなく、英英辞典を持って行くことをおすすめします。英和辞典だけでは、細かいニュアンスがわからないからです。『ロングマン現代英英辞典』や『オックスフォード現代英英辞典』が日本人には使いやすいでしょう。交渉の場でも、意味がはっきりしない

ことばは、英英辞典で確かめる習慣をつけましょう。また英英辞典であれば、ことばの意味を相手に確認するときにも便利です。そのことばの定義を読んで、あるいは相手に見せて確かめることができるからです。

　辞書を引くのが面倒くさい、とくに会議中はそうだという人には、電子辞書がおすすめです。パソコンと同じキーボード配列に慣れれば、即座に求めることばを引いて確かめることができます。またふつう、何冊もの辞書が一緒にバンドルされているので、携帯にも便利です。紙の辞書と違って一覧性がないのが欠点ですが、その反面、関連語が素早く引けるという長所もあります。画面が大きく見やすいものが使いやすいと思います。しかしあまり簡単な辞書が入っているものは避けたほうがいいでしょう。少なくとも英和中辞典以上のものが入っている電子辞書を使うようにしましょう。とくに、英英辞典が入っている電子辞書が便利です。必要に応じて英和辞典や和英辞典にジャンプすることもできます。会議中は他人の邪魔にならないように、入力音を消しておきましょう。

　なお、日本人が広辞苑を信頼するのと同じような感覚で、アメリカ人はウェブスター系の辞書を信頼するようです。私も、ことばの意味をめぐってアメリカ人と意見が食い違ったことが何度かあります。そのようなとき、Websterによると定義はこうであったと言って、納得してもらいました。

　とくに、覚書や契約書の話になったときには、ことばの意味をしっかりと吟味しながら話を進めるようにしてください。

第2章

交渉に役立つ英語表現

1 要求する
Making a request

Would you please ...?
…していただきたいのですが。

Situation

駐在のためアメリカにやってきた田中さん。まず住む家を借りなければなりません。さっそく不動産会社を訪れました。彼の会社では、滞在期間は4〜5年が普通なのですが、赴任の際に会社から、機構改革のため来年本社に戻らなければならない可能性も高いと言われています。しかし不動産会社は、その地域における家の賃貸借契約の期間は2年が原則で、それより短い契約は認められないと主張します。田中さんは、契約に中途解約条項を含めてもらおうと交渉を始めました。

Track
1

Tanaka: This is really a nice house. I like it very much, but did you say the lease term is for two years?

Realtor: That's right. It's the standard lease term around here.

Tanaka: I see, but I may have to go back to Japan next year. Could you do something about the lease?

Realtor: I'm sorry sir, but our minimum term is for two years. You can, of course, cancel the lease during the two-year period, but you'll have to pay a penalty. It will be an equivalent of three months' rent.

Tanaka: That's way too much. **Would you please** contact the
house-owner and ask if I can include a cancellation clause in
the lease contract?

田 中: とてもいい家ですね。気に入りました。契約期間は2年とおっしゃ
いましたか。

不動産業者: そのとおりです。この地域では標準的な借家契約の期間です。

田 中: そうですか。でも、私はひょっとすると来年、日本に帰らなくては
ならないかもしれません。どうにかなりませんか。

不動産業者: 残念ですが、当社の最低契約期間は2年です。もちろん中途解約は
できますが、その場合は家賃の3カ月分に相当する違約金をお支払
いいただくことになります。

田 中: それは高すぎます。家主に連絡して借家契約書に中途解約条項を含
めることができるか聞いてくれますか。

●realtor	不動産業者	●contact	連絡する
●lease term	賃貸借契約期間	●house-owner	家主
●minimum	最小の	●include	挿入する、入れる
	(*cf.* maximum 最大の)	●clause	条項
●equivalent	同等の、同価値の		

POINT

何かを要求するときは命令文ではなく疑問文を使う

　相手に何かを要求する場合、基本的には命令文でなく、よりていねいな文章形式である疑問文を使います。その場合も "Will you ...?" とか "Can you ...?" ではなく、"Would you please ...?" とか "Could you please ...?" のように仮定法を使った疑問文で依頼するようにします。買い物の際に店員に何かを要求するような場合には "Will you ...?" という表現が適切かもしれませんが、対等のビジネスパートナーに物事を要求する場合は、それなりにていねいな表現を心がける必要があります。

　命令文を使うと相手は断るのにエネルギーが必要です。ところが、疑問文であれば、相手に「断ってもいいですよ」という選択肢を与えることで、その分ていねいな表現となるのです。さらに仮定法を使うと、相手に、「その気があるなら」とか、「そうすることが可能ならば」という含みをもたせて、ていねいさが増すのです。

要求は明快に、ただしていねいな表現で述べる

　相手にとってかなり嫌なことを要求しなければならない場合、日本風に何となくぼんやりと言って、あとは相手に察してもらうというスタイルは国際的な交渉では通用しません。ていねいさは多少犠牲にしても、たとえば "I have to ask you to ...." のように、はっきりと要求すべきです。しかしその場合でも文の初めに "I'm afraid" などの緩和表現をつけましょう。間違っても対等の交渉相手に、"I want you to ...." とか "I would like you to ...." などと言ってはいけません。失礼になります。

Useful Expressions

■Would you mind ...ing?

☞…していただけますか。

> Would you mind asking Mr. Brown to call me about the lease term?
> 賃貸借契約のことで私に電話をくれるよう、ブラウンさんに頼んでいただけますか。

■Would you be so kind as to ...?

☞…していただけますか。

> Would you be so kind as to ask Mr. Brown to give me a call?
> 私に電話するようにブラウンさんに頼んでいただけますか。

■Would you be kind enough to ...?

☞…していただけますか。

> Would you be kind enough to show me a standard lease form?
> 標準的な賃貸借契約の書式を見せていただけますか。

■Would it be possible for you to ...?

☞…していただきたいのですが。

> Would it be possible for you to talk to Mr. Brown and explain my situation to him?
> あなたがブラウンさんに話して、私のおかれている状況を説明していただきたいのですが。

■I'm afraid I have to ask you to ....

☞…をしていただきたいのですが。

> I'm afraid I have to ask you to contact Mr. Brown as soon as possible and let me know what he has to say about this.
> 恐れ入りますが早急にブラウンさんに連絡して、この件について彼が何と言うか教えていたきたいのですが。

■May I trouble you to ...?

☞お手数ですが、…をしていただけますか。

May I trouble you to get me a copy of the contract for Project A?
お手数ですが、プロジェクトAの契約書のコピーをとっていただけますか。

■Would it be too much to ask ...?

☞…をお願いできますでしょうか。

Would it be too much to ask you to give me Mr. Brown's response by tomorrow noon?
明日のお昼までにブラウンさんの返事を私にくださるようにお願いできますでしょうか。

■I would really appreciate it if you could ....

☞…していただければありがたいです。

I would really appreciate it if you could find a nice apartment house near the train station which I can rent on a monthly basis.
月極めで借りられるよいアパートを、駅の近くに見つけていただければありがたいです。

■Would you consider ...?

☞…を考えていただけませんか。

Would you consider the possibility of my subletting the house to someone else in case I have to leave the country next year?
もし私が来年帰国しなければならなくなった場合、私が家を転貸できるよう考えていただけませんか。

2 提案する
Making suggestions

May I suggest ...?
…してはいかがですか。

Situation

アメリカの合弁会社で働いている田中さんは、上司のボブ・ジョンソン氏に
経営計画を水曜日の朝までに提出するように言われましたが、まだ数字が揃
いません。期日が過ぎたのに製造部から設備投資計画の数字が来ていないの
です。ジョンソン氏は木曜日の取締役会で経営計画のプレゼンテーションを
しなければなりません。そこで田中さんはジョンソン氏に、状況を乗り切る
ための提案をします。

交渉例

Track
2

Johnson: Would you wrap up our business plan for next year by
Wednesday morning, Kenji?

Tanaka: I'm afraid that's not quite possible, Bob. You see, we
haven't received the capital investment projection from our
manufacturing people yet.

Johnson: But that was due yesterday. What happened?

Tanaka: They say they have to incorporate the effects of the new
environmental regulations announced yesterday. That's
going to take a few more days.

Johnson: But I'm supposed to present the plan at the board meeting

Thursday.

Tanaka: **May I suggest** that you explain the significance of the new regulations to the president and postpone your presentation?

ジョンソン：来年度の経営計画を水曜日の朝までにまとめてください。

田　　中：それはちょっと難しいと思います。なにしろ製造部から設備投資の予測金額をまだもらっていないのです。

ジョンソン：でも昨日が期日だったでしょう。どうしたのですか。

田　　中：昨日発表された新しい環境規制の影響を組み込まなければならないと言っています。それには数日かかるようです。

ジョンソン：しかし、木曜の取締役会で経営計画のプレゼンテーションをしなければならないのですよ。

田　　中：社長に新しい規制の重要性を説明して、プレゼンテーションを延期してもらうようにしてはいかがですか。

Vocabulary Notes

- wrap up　　　　　　　　まとめる
- business plan　　　　　経営計画
- capital investment　　　設備投資
- projection　　　　　　　予測
- manufacturing people
　　　　　　　　製造部の人たち
- due
　（期日について）することになっている

- incorporate　　　　　　組み入れる
- effect　　　　　　　影響、結果
- environmental regulations
　　　　　　　　環境に関する規制
- board meeting　　　　取締役会
- significance　　　　重大性、意義
- postpone　　　　　　延期する

POINT

ビジネスの相手や上司の場合は ていねいな表現を使う

　「提案する」というとすぐに思い浮かぶのがsuggestという動詞です。しかしこの動詞を使うときには、自分がおかれている社会的状況を考えなければなりません。対等または目上の相手に対して "I want to suggest …." と言ったのでは失礼に当たります。対等のビジネスパートナーには、たとえば "Could I suggest …?" のように仮定法を用いた疑問文を使ったていねい表現を心がけましょう。もし相手が目上の人や敬意を表したい相手であれば、"May I suggest …?" ぐらいのていねいな表現を使うようにし

たいものです。ここでの会話では、相手が上司なのでこの表現を用いています。

suggestの用法に注意

また、suggestという動詞は用法に注意する必要があります。「ブラウンさんに吉田さんと直接お会いになることを提案したいのですが」と言いたいときは、ふつう "May I suggest that Mr. Brown see Mr. Yoshida in person?" または "May I suggest to Mr. Brown that he see Mr. Yoshida in person?" などのように言います。つまり 〈suggest + (to 誰々) + that + 人 + 動詞(仮定法現在)...〉 という形をとるのです。that節中の主語を受ける動詞は仮定法現在形をとるので、heが主語であってもseeとなります。seesではないことに注意してください。簡便的に動詞の原型がくると覚えておきましょう。しかし 〈suggest + 誰々 + to do ~〉(たとえばWe suggested Mr. Brown to see Mr. Yoshida in person.) とか、〈suggest + 誰々 + that + 人 + 動詞...〉(たとえば We suggested Mr. Brown that he see Mr. Yoshida in person.) のようには言いません。正しい形でいつでも使えるよう、習熟しておきたいものです。

Useful Expressions

■I would like to suggest ....

☞・・・を提案したいと思います。

> I would like to suggest that you see Mr. Yoshida in person.
> 吉田さんと直接お会いになることを提案したいと思います。

■Let me suggest ....

☞・・・を提案させてください。

> Let me suggest that you see Mr. Yoshida in person.
> 吉田さんと直接お会いになることを提案させてください。

■Could I propose that ...?

☞ ・・・を提案させてください。

Could I propose that we develop the plan based on preliminary figures for the meeting?

その会議には、暫定的な数字に基づいて計画を作成することを提案させてください。

■I propose that ....

☞ ・・・を提案します。

I propose that the presentation be postponed for a week.

そのプレゼンテーションを1週間延ばすことを提案します。

■Shall we ...?

☞ ・・・しましょうか。

Shall we ask the manufacturing people to give us some ballpark figures first?

製造部に、まず概算の数字を出してもらうように頼みましょうか。

■Why don't we ...?

☞ ・・・してはどうでしょう。

Why don't we ask the manufacturing people to use a quick-and-dirty method and give us some temporary numbers?

簡便法でとりあえずの数字を出してもらうよう、製造部に頼んではどうでしょう。

■You might like to ....

☞ ・・・してはいかがですか。

You might like to use last year's numbers now, and replace them later.

今は去年の数字を使って、あとで差し替えてはいかがですか。

■Have you considered ...?

☞ ・・・は検討されましたか。

Have you considered putting the presentation off until next week?

来週までプレゼンテーションを延期することを検討されましたか。

3 原則として同意する
Agreeing basically

I agree in principle, but ....
原則的に賛成です。しかし…
Generally speaking, that's correct, but ....
一般的にはそのとおりです。しかし…

Situation

田中さんの会社はドイツに商品を輸出する計画です。田中さんはさっそくドイツに出張し、現地の大手卸売業者と契約交渉をすることになりました。交渉相手のヨーナップ氏は比較的簡単に交渉をまとめる気でいますが、田中さんとしては過去の経験から、慎重にことを運びたいところです。とくにドイツの卸売業者と田中さんの会社とでは、この事業に対する基本的な考え方が違うのではないかという点が気になっています。しかし前向きに話を進めたいので、原則として同意できる点をはっきりとヨーナップ氏に伝える必要があります。

交渉例

Track
3

Jonap: Mr. Tanaka, I'm quite sure you will agree that this should be a relatively smooth undertaking.

Tanaka: **I agree in principle, but** you must remember that we do have such different corporate cultures and ways of thinking.

Jonap: Such as?

Tanaka: Well, you've said that securing a profit margin is at the top of your priority list, but we would like to obtain a certain share of the market rather quickly to establish our brand recognition here.

Jonap: Yes, I understand, but with a well-established plan, the entire operation should run well.

Tanaka: **Generally speaking, that's correct, but** we have a list of other concerns that we'd also like to discuss before we proceed any further.

ヨーナップ：田中さん、この仕事は比較的スムーズに進むでしょう。きっとあなたも同意されるでしょう。

田　　中：原則として同意しますが、御社と当社では企業文化や考え方がかなり違うということを忘れるわけにはいきません。

ヨーナップ：たとえばどのようなことですか。

田　　中：あなたは利益幅を確保することが最優先だとおっしゃっていましたが、当社としてはブランド認知度を確立するために、ある程度のマーケットシェアを速やかに確保したいのです。

ヨーナップ：ええ、わかります。でもしっかりした計画があればすべてうまくいくはずです。

田　　中：一般的に言えばそのとおりです。でも、先に進む前にお話ししておきたい問題点のリストを用意しました。

●relatively	比較的	●profit margin	利益幅、マージン
●undertaking	仕事、事業	●priority	優先順位
●in principle	原則として	●establish	確立する
●corporate culture	企業文化	●brand recognition	ブランド認知度
●way of thinking	考え方	●concerns	懸念
●secure	確保する	●proceed	前進する

POINT

大筋で同意できるなら、その旨を明確に伝えるべき

　個々の細かい点を取り上げて、同意する、しないというような断片的なアプローチをとっても、交渉はなかなか前進しません。まず基本的な事項をよく話し合い、大きな見地から話を進めるかどうかを検討する必要があります。

　また具体的な細かい点で意見が食い違う事態になっても、その件に原則的に同意なのか否かによって交渉の進め方が変わってきます。大きな点で同意できるなら「原則としては賛成です」、「全体としてはそのとおりです」などと言って、そのニュアンスを明確に伝えることを心がけましょう。

「大筋合意」は、反論を述べる際の緩和表現としても使える

　また個別の案件で反対意見を言う場合でも、いきなり反対意見を言ったのでは相手も構えてしまい、その後の話がうまく続かない場合があります。しかし「原則としては賛成しますが…」などと前置きすれば、その後の発言の鋭さが緩和され、相手も、それならばよく聞いてみようという気持ちになります。このようにここで取り上げる表現は、交渉が難航したときや、ウィンウィンのための選択肢を探るときにも重要な表現と言えます。

Useful Expressions

■On the whole I'd have to agree, but ....
☞概ねそのとおりだと言わざるをえませんが、しかし…

A : I think we're spending a lot of time on this issue.

B : On the whole I'd have to agree, but this is one of our major concerns.

A : この問題にはずいぶん時間をかけていると思います。

B : 全体としてはそのとおりだと言わざるをえませんが、でもこれは当社の最も懸念する点です。

37

■As far as ... is concerned, that's true, but ~.
☞…に関するかぎりはそのとおりですが、しかし〜

A : Your products are more expensive than those of other companies.

B : As far as price is concerned, that's true, but they are much more durable than the others.

A：御社の製品は他社のものよりも高価です。

B：価格に関するかぎりではそのとおりですが、当社製品は他社のものよりもずっと長持ちします。

■By and large what you say is true; however, ...
☞概しておっしゃっていることは正しいのですが、しかし…

By and large what you say is true; however, quality control still remains an issue.

概してあなたのおっしゃることは正しいのですが、品質管理の問題が残ります。

■I can support your basic premise of ..., but ~.
☞…に関する基本的な前提は支持しますが、しかし〜

I can support your basic premise of reasonable profit margin, but I think we need to come to terms on large volume discounts.

御社の言う合理的な利益幅の基本的前提は支持しますが、大口取引の数量割引については合意しておく必要があると思います。

■In most situations that's the case, yet ....
☞ほとんどの状況ではそのとおりですが、しかし…

In most situations that's the case, yet, to be quite frank, we don't feel that we should be held liable for such a problem.

ほとんどの状況ではそのとおりですが、しかし率直に申しまして、そのような問題については責任を負うわけにはまいりません。

■In the broadest sense I can concur with that. I do, however, ...
☞広い意味ではそれに同意いたします。しかし…

In the broadest sense I can concur with that. I do, however, have reservations about the service contract.

広い意味ではそれに同意します。しかしサービス契約に関しては懸念があります。

■That's ordinarily correct, but ....

☞通常はそのとおりですが、しかし…

> That's ordinarily correct, but we believe that a "hold harmless" clause is in our best interests.
>
> 通常はそのとおりですが、しかし「免責」条項は当社の最大関心事です。

■Overall I accept your views; nevertheless, ...

☞全体としてはあなたの見解を受け入れますが、とは言っても…

> Overall I accept your views; nevertheless, we need more time to review these proposals.
>
> 全体としては、あなたの見解を受け入れたいと思います。とは申しましても、ご提案を検討する時間が当社としてはもっと必要です。

4 部分的に同意する
Agreeing partially

Well, I suppose so, but ....
ええ、そうかもしれません。しかし…

I would tend to agree with you on that. However, ...
その点については同意いたします。しかしながら…

Situation

田中さんは、新規事業の拠点をどこに置くかについて、合弁事業のパートナーとなるウィーガン氏と話し合っています。税制上の優遇措置が考えられるカリブ海諸国、とくに最近、資金の流入が増えているジャマイカが有力な候補です。ウィーガン氏は、資金の流入が急増しているのは、オフショア市場が拡大しているからで、これは外国企業にとってよい兆候だと主張するのですが、将来的には不確実なことが多いので、田中さんとしては全面的に同意したという印象を与えたくありません。あくまでも同意は部分的なものだということをはっきりさせたいのです。

交渉例

Track
4

Wegan: I think you'll be glad to know that fund remittances to Jamaica have dramatically increased recently.
Tanaka: Really? Since when?
Wegan: Since last May. You'd be amazed how rapidly they've been increasing.
Tanaka: I hope it's a good sign for us.
Wegan: I think it is. I say this because it creates a favorable environment for foreign companies. Wouldn't you agree?

Tanaka: **Well, I suppose so, but** I'm not clear on the reasoning behind that.

Wegan: I'd say it's mainly due to the expansion of offshore markets here. The Caribbean can be a great tax haven.

Tanaka: **I would tend to agree with you on that. However**, the lax regulations on financial transactions could change in the future.

ウィーガン：ジャマイカへの資金の流入が最近急激に増えてきましたが、これはよいニュースですね。

田　　中：本当ですか。いつからですか。

ウィーガン：この5月からです。驚くべき速さで増えていますよ。

田　　中：私どもにとって、よい兆しであればよいのですが。

ウィーガン：そうだと思いますよ。この流れは外国企業にとってよい環境を作り出します。そう思いませんか。

田　　中：ええ、そうだとは思いますが、その背景にある理由が私にははっきりしません。

ウィーガン：それは主に、当地のオフショア市場拡大のためだと思います。カリブ海諸国は素晴らしいタックスヘイブンとなる可能性があります。

田　　中：その点については同意したいと思います。でも金融取引に関する緩やかな規制は将来変わる可能性があります。

Vocabulary Notes

- fund　　　　　　　　　　資金
- remittance　　　　　　　送金
- Jamaica　　　　　　　ジャマイカ
- dramatically　　　　　　急激に
- amazed びっくりした、驚嘆した
- favorable　有利な、都合のよい
- environment　　　　環境、状況
- I'm not clear on ...
　…がはっきりしない、…を納得していない

- reasoning　　　　　理由、論証
- offshore market　オフショア市場
　(非居住者間の金融取引が国の法律や税制から切り離された金融市場)
- the Caribbean　　　カリブ海諸国
- tax haven
　租税回避地域、タックスヘイブン

POINT

「部分的な」同意であることを
明確に伝えることが必要

同意の意向を表現するときには注意が必要です。相手の言っていることに部分的に賛成するのか、原則として賛成するのか、あるいは全面的に賛成するのかをはっきりと表明しなければならないからです。これをきちんと行わないと、たとえば部分的に賛成したつもりなのに、あとで、あなたはあのとき賛成したではないか、今さら文句を言うとは何事だといった事態を招く恐れがあります。

部分的に同意するときは、必ずその同意が部分的なものであること、またどの部分についての同意かをはっきり言うことです。さらに言えば、無用の誤解を避けるために、どの点については同意するが、どの点については同意しない、と明言するようにしましょう。

superose は語調をやわらげる
効果がある

suppose は「〜だと思う」ですが、気のない受け答えを表すときにもよく使われます。ここでの例のように、I suppose so, but ....で、「そうかもしれませんが…」というニュアンスの、語調をやわらげるための前置き表現としてもよく使われます。

Useful Expressions

■Yes, perhaps, but ....

☞ええ、たぶんそうだと思います。しかし…

A : We could increase our production to meet your deadline.

B : Yes, perhaps, but I think it's not necessary if you ship by air instead of by sea.

A : 御社の納期に間に合わせるために増産することもできます。

B : ええ、たぶんそうしていただくこともできるとは思いますが、しかし船便ではなく航空貨物で送っていただければその必要はないと思います。

■Yes, in a way; however, ...
☞まあ、そうです。しかしながら…

A : Wouldn't you rather have the goods before September?

B : Yes, in a way; however, that's not our most important issue.

A : 9月より前に商品を受け取りたくはありませんか。

B : ええ、まあ、そうです。しかしそれが一番大事な問題というわけではありません。

■That's true to a certain extent, but ....
☞それはある程度正しいのですが、しかし…

A : It's better to buy now before material costs rise.

B : That's true to a certain extent, but we'll need approval from headquarters before we can make such a large purchase.

A : 材料費が値上がりする前に購入するのがよいかと思います。

B : それはある程度正しいのですが、しかし、そのような大口の購入をする前に本社の承認を取りつける必要があります。

■I can agree with part of what you say, namely ....
☞おっしゃることに部分的には同意できます。つまり…という点です。

I can agree with part of what you say, namely the effectiveness of personnel reductions.

おっしゃることに部分的には賛成します。つまり人員削減の効果という点です。

■I can see your point, yet ....
☞おっしゃることの要点はわかります。しかし…

I can see your point, yet I don't entirely agree that this is a "win-win" situation.

おっしゃるポイントはわかります。しかしこれがウィンウィンの状況だということには全面的には賛成できません。

■I agree with ..., but ~.
☞…には同意します。しかし～

I agree with the concept of management control, but unfortunately I'm not in favor of the personnel numbers which you've proposed.

経営管理の概念には賛成ですが、残念ながらご提案の人数には賛成できません。

■I agree with you as far as ... is concerned.
☞…に関するかぎり同意します。

> I agree with you as far as the payment term is concerned.
> 支払条件に関するかぎり同意します。

■I agree with the first point you've made.
☞あなたが挙げられた第1の点について同意します。

> I agree with the first point you've made, that is, putting on hold the production of Type A equipment until the details of the new regulation are announced.
> あなたが挙げられた第1の点について賛成です。すなわち新しい規制の詳細が発表されるまではAタイプの装置の生産を保留するという点です。

Coffee Break more than 〜 は「〜以上」?

英語の交渉で気をつけなければならないのは数字です。"If you order more than 10,000 cases, we can give you a ten percent discount." という文を「1万ケース以上注文していただければ10％割引します」と言われたつもりで1万ケース注文したら、割り引いてくれなかったなどということがないようにしたいものです。more than 10,000 casesは、「1万ケース以上」ではなく、「1万ケースを超えて」という意味です。ちなみに整数の世界を仮定しますと、more than 3は、3よりも大きいとなり、3は入りません。すなわち「3以上」ではなく、「4以上」となるのです。less than 3も同様に「3以下」ではなく「2以下」です。

　「1万ケース以上注文していただければ10％割引します」と言いたいときは、誤解を防ぐために "We can give you a ten percent discount on orders of 10,000 cases or more." などと言うのがよいでしょう。

5 全面的に同意する
Agreeing entirely

Yes, I entirely agree with you.
はい、まったく同感です。

I agree entirely.
まったくそのとおりです。

Situation

田中さんは医療検査機器メーカー、Boston Clinical Lab社のエベレスト氏と2回目の会談を行っています。エベレスト氏の狙いは田中さんの会社と合弁会社を設立することにあります。エベレスト氏は、両社がそれぞれの市場のリーダーであり、両社とも品質管理に力を入れているという共通点を指摘してきました。田中さんも、この話には魅力を感じており、自分も同じ認識を持っていることをエベレスト氏に印象づけたいと思っています。必要な場面では全面的に同意することで、前向きな姿勢を打ち出したいと考えています。

交渉例

Track
5

Everest: Well, Mr. Tanaka, I think there are so many advantages to the possibility of a joint venture. I mean both of our companies are leaders in the clinical testing equipment market. And we both stress strict quality control.

Tanaka: **Yes, I entirely agree with you.** Our sales records speak for themselves.

Everest: I somehow think that our corporate cultures are not totally different.

Tanaka: I think you can say that.

45

Everest: It's a real advantage when it comes to establishing a joint venture, isn't it?

Tanaka: It sure is.

Everest: I'm sure you'll find this to be an excellent business opportunity because we believe that the success we can achieve will increase enormously with the combining of our resources. We can expect a lot of synergy, so to speak.

Tanaka: **I agree entirely.** We can foresee many benefits of a joint venture with your company.

エベレスト：さて、田中さん。合弁事業にはたいへん多くの利点があると思います。つまりわれわれは共に医療検査機器市場のリーダーであり、両社とも厳しい品質管理に力を入れています。

田　　中：ええ、まったく同感です。お互いの販売実績がそのことを物語っています。

エベレスト：私は、両社の企業文化があまり違わないのではないかという気がしているのです。

田　　中：私もそうだと思います。

エベレスト：合弁事業を起こすということになれば、それは実際、有利に働きますよね。

田　　中：そのとおりです。

エベレスト：御社にとってこれは素晴らしいビジネスチャンスとなると私は信じています。なぜなら両社の経営資源を統合することによって非常に大きな成功を手にすることができると考えているからです。いわゆる相乗効果がかなり期待できます。

田　　中：まったくそのとおりです。当社も御社との合弁事業によって多くの恩恵が得られると見ております。

Vocabulary Notes

●advantages	利点	●when it comes to ...	…の話になると
●joint venture	合弁事業、合弁会社	●enormously	非常に大きく
●I mean	つまり	●combine	結合する、合体させる
●stress	強調する、力を入れる	●resources	資源
●strict	厳しい	●synergy	相乗作用
●entirely	完全に、すっかり	●so to speak	いわば
●speak for itself	自明である、証明する	●foresee	予見する
●somehow	なぜか、どういうわけか	●benefit	利益、恩恵

POINT

必要があれば、ためらわずに
全面的な同意を表明する

　交渉は「駆け引き」なので、自分のほうから全面的に同意すると、立場が不利になると考える人がいますが、もちろんそんなことはありません。いわゆる「駆け引き」は交渉の一部にすぎません。交渉を大きな意味での商談と考えれば、「駆け引き」ばかりにこだわっていると大きな商機を見逃す危険もあります。必要な場合にためらわずに全面的な同意を表明することは、話を建設的に進める上での大事な環境作りとなります。entirely、wholly、completelyなどの表現をうまく使って、全面同意の意向を伝えるようにしましょう。

　「同意する」ときは agreeという動詞をよく使いますが、この語は用法に注意が必要です。「〜と同意する」のように人と同意するときは agree with〜となります。たとえば "I agree with you." という具合です。「この提案に同意します」というように、提案や計画に同意する場合は、agree to 〜となります。たとえば "I agree to this proposal." という具合です。また、出席者の意見が一致して、あることを決定するという場合には、agree on 〜となります。たとえば "We all agreed on this point."（この点でわれわれは意見が一致しました）という具合です。

Useful Expressions

■So do I.
☞私もそうです。

> You think that quality is most important in a product. So do I.
> あなたは製品では品質が最も重要だとお考えですね。私もそう思います。

■I completely agree.
☞私もまったく同感です。

> You are recommending arbitration for these disputes. I completely agree.
> これらの紛争を仲裁で解決しようというご提案ですが、私もまったく同感です。

■I couldn't agree more.

☞私もまったく同じ考えです。

> You want top management to be divided equally between each company.
> I couldn't agree more.
> 経営陣は両社から同数だけ出すことを望まれていますが、私もまったく同じ考え
> です。

■That's exactly how I feel.

☞それはまさに私の考えていたとおりのことです。

> It's interesting to see you're considering cost cuts in production. That's
> exactly how I feel.
> あなたが製造費の削減をお考えとは興味深いですね。私もまさにそう考えておりま
> した。

■Yes, you're absolutely right.

☞そう、まさにそのとおりです。

> A : I think there's a way to restructure the company without laying off lots
>   of people.
> B : Yes, you're absolutely right.
> A : 多くの人を一時解雇せずに会社を立て直す方法があると思います。
> B : そう、まさにそのとおりです。

■That sounds fine.

☞それで結構です。

> A : I'd like to continue with this issue which needs more discussion.
>   Then I suggest we try and resolve any outstanding differences we
>   might have. Is that OK with you?
> B : That sounds fine.
> A : この問題はもっと議論が必要なので、引き続き話し合いたいと思います。その
>   あとで未解決の相違点について解決案を考えることを提案します。それでよろ
>   しいですか。
> B : 結構です。

■Absolutely.

☞そのとおりです。

A : I think this point should be our highest priority.

B : Absolutely.

A : 私はこの点が最重要の問題だと思います。

B : そのとおりです。

■I'm in total agreement.

☞全面的に賛成します。

As for your product distribution plan, I'm in total agreement.

御社の製品流通計画については全面的に賛成いたします。

6 同意しない
Disagreeing

I'm not so sure about that.
それはどうでしょうか。
I really can't agree.
まったく同意できません。

Situation

田中さんの趣味の1つは骨董品を集めることです。せっかくアメリカに来たので、何かよい掘り出し物はないかと骨董屋をのぞきに行きました。そこで日本では最近めったに見かけなくなった、大きな振り子式の古時計を見つけました。ちょっと欲しくなったので、さっそく店の主人に値段を聞いたところ、800ドルという値段を提示されました。まだ100年は動く時計だと言うのですが、どうもそうは思えません。店の主人は、その時計のケースが無垢のオーク材で、彫られた図案も値打ち物だと言うのです。しかし、それほどの価値があるとは思えません。田中さんは、相手の言うことに同意しないことによって、交渉をより有利に運ぼうと考えています。

交渉例

Track
6

Tanaka: I'm interested in the antique grandfather clock over there. Could you give me a price on that?

Owner: Let's see.... Yes, that's $800. It's over 100 years old, and it will run for another 100 years.

Tanaka: **I'm not so sure about that.** I know that these clocks have mechanical problems from time to time.

Owner: Well, maybe so, but the cabinet is made of solid oak. Why, the wood and its carved design are well worth the price!

Tanaka: **I really can't agree.** I've seen others made of oak, and they were not worth that much money.

Owner: Let me see.... I could take $100 off the price. Would you buy it for $700?

田 中：あそこに置いてある時代物のグランドファーザー時計ですが、おいくらですか。

店 主：えーと、あれは800ドルでございます。100年以上の年代物ですが、あと100年は動きます。

田 中：さあ、それはどうでしょうか。こうした時計は、ときどき機械的な故障が起きるものです。

店 主：えー、そうかもしれません。でもケースは中まで本物のオーク材でできています。そりゃもう、この木と彫物だけでも値段だけの価値はありますよ。

田 中：賛成できませんね。オークでできたほかの時計も見ましたが、そんなに高くなかったですよ。

店 主：えーと、それでは100ドルお引きできます。700ドルでいかがですか。

Vocabulary Notes

- grandfather clock
  グランドファーザー時計
  （振り子式の大型箱時計）
- Could you give me a price?
  おいくらですか。
  （値段をつけてくれますか。）
- run 動く
- mechanical problem
  機械的な故障

- from time to time　ときどき
- cabinet　ケース
- solid　中まで均一の
- oak　オーク
- carve　彫る
- take $100 off 100ドル値引きする

POINT

「同意しない」と明確に意思表示して交渉を有利に進める

　交渉では、相手の言うことに同意できないことがしばしばあります。単に納得できないという状況や、相手に反対するというところまではいかないが、同意もできないといった状況です。

　こうした場合、日本人はよく黙ってしまって返事をしないということがあります。それも1つの戦術として有効な場合もありますが、あまり乱発してはいけません。黙って返事をしないというのは、相手に対して失礼な対応です。むしろ、はっきり同意できないと言うほうが、相手に好感を与えます。相手に対して失礼になることを避けたければ、なぜ同意できないのか理由を付け加えるとよいでしょう。

　またこの例のように、反対提案をしなくても、ただ同意しないだけで相手の譲歩を引き出せることがあります。反対提案をすると、その値段まで相手が下げてきた場合、それを受けざるをえなくなります。そこまでコミットしたくないというとき、この「同意しない」という戦術が役立ちます。

Useful Expressions

■Do you really think ...?
☞本当に…だとお思いですか。

> Do you really think we can make a profit at that price?
> その価格で本当に利益が出せるとお思いですか。

■Well, it depends on ....
☞さあ、それは…次第だと思いますが。

> A : I think shipping costs are too high.
> B : Well, it depends on how quickly you want the goods to arrive.
> A : 輸送費が高すぎると思います。
> B : さあ、それはどれだけ早く商品を入手したいかによると思いますが。

52

■I'm afraid I must disagree.

☞残念ながら、同意いたしかねます。

> You're implying that our material costs can be reduced. I'm afraid I must disagree. We have done everything possible to cut costs in this area.
> あなたは材料費をもっと安くできるのではないかと暗におっしゃっていますが、残念ながらそれには同意いたしかねます。当社はこの分野で、経費削減のためにできるかぎりのことをすべて実行してまいりました。

■I may be wrong, but ....

☞私が間違っているかもしれませんが、しかし…

> I may be wrong, but I think that you haven't considered all the options.
> 私が間違っているかもしれませんが、御社がすべてのオプションを考慮されたとは思えません。

■I can't agree at all.

☞まったく同意できません。

> You've said our company is stalling. I can't agree at all. We have dealt with all of your requests as quickly as possible.
> あなたは当社が時間稼ぎをしているとおっしゃいますが、まったく同意できません。御社の依頼にはすべて、できるかぎり迅速に対応してまいりました。

■I disagree entirely.

☞まったく賛成できません。

> So you think a tour of the plant is unnecessary? I disagree entirely.
> それではあなたは、工場見学は必要ないとおっしゃるのですか。私はまったく賛成できません。

■I can't imagine that happening.

☞そのようなことは信じられません。

> According to your latest request, you expect us to pay for all costs of insurance. I can't imagine that happening.
> 御社の最新の要求に従いますと、御社は当方に保険費用のすべてを払わせるおつもりですね。そのような要求が出てくるとは信じられません。

7 質問をする
Asking questions

Could you tell me ...?
…について教えてください。

Situation

田中さんはABC社から製品を輸入しようと考えています。そこでまずカタログを吟味したところ、同社が魅力ある製品を製造していることを知りました。しかしそれだけでは、まだはっきりしたことがわかりません。そこでABC社のアンダーソン氏と会って質問してみることにしました。特に同社の取引関係について聞いてみたいことがあります。アンダーソン氏と会うのは初めてです。

交渉例

Track
7

Tanaka: I've examined your catalog, and I must say your products look very appealing.

Anderson: Thank you, Mr. Tanaka. We're very proud of what we manufacture.

Tanaka: I'm sure you are. I'm much interested in your company and your products. So, let me ask you a few questions.

Anderson: Certainly. What would you like to know?

Tanaka: First of all, **could you tell me** a little about your client base in Japan?

Anderson: Of course. We currently do business with two Japanese companies — (A) in Tokyo, and (B) in Osaka.

Tanaka: And **could you** also **tell me** how long you've been doing business with them?

Anderson: We have numerous renewable contracts with (A) company, the first of which was established three years ago. (B) company has been purchasing from us since April of last year.

田　　中：御社のカタログを拝見しましたが、とても魅力的な製品を作られておられますね。

アンダーソン：ありがとうございます、田中さん。製品には誇りを持っております。

田　　中：ごもっともです。御社と御社の製品にとても関心を持ちました。そこでいくつか質問をさせてください。

アンダーソン：もちろんです。何をお知りになりたいのですか。

田　　中：まず御社の日本における顧客ベースについて少し教えていただけますか。

アンダーソン：もちろんです。現在日本の会社2社と取引をしています。東京のA社と、大阪のB社です。

田　　中：それで、どのくらい長く取引をされているのですか。

アンダーソン：A社とは、多くの更新可能な契約を結んでいます。最初のものは3年前に締結しました。またB社には、昨年の4月から当社の製品を購入していただいています。

Vocabulary Notes

●examine	調べる、吟味する	●do business with ...	……と取引をする
●appealing	魅力的な	●numerous	多数の
●be proud of ...	…を誇りとする	●renewable	更新可能な、継続できる
●manufacture	製造する	●contract	契約
●client base	顧客基盤、顧客ベース	●establish	締結する、樹立する
●currently	現在は	●purchase	購買する、買う

POINT

質問するときは適切な疑問文を

　交渉のための会話のほとんどは、質問と返答から成り立っています。しかし英語で質問をするということは意外と難しいものです。適切なことばを選んで、文法的に正しい疑問文を瞬時に思いつき、それを相手にわかるようなはっきりした発音で言うことが必要になります。その状況で慣用的によく使われる英語表現を使うと話は通じますが、その場で無理やりひねり出した独善的な表現を使うとなかなか話が通じません。また文法的に正しい疑問文を考えるのは面倒くさいとばかり、平叙文の語尾を上げることですべての質問を済ませてしまおうとする人がいますが、これでは相手は混乱してしまいます。かといって複雑な文章構成を用いた質問もわかりにくいものです。

　またボソボソと不明瞭な発音で質問をしたのでは交渉に迫力は出ません。ましてや交渉を有利に進めるということは難しくなります。別にネイティブスピーカーのような発音を無理にする必要はありませんが、相手にとって明瞭に聞き取れる発音を心がけ、またおなかの底からある程度以上の大きさの声を出して、自信に満ちた質問をするようにします。これらのことを必要に応じて瞬時に行うには、普段から英語で質問するときはどう言うのだろうかと考え、工夫をし、また実際に口に出して練習を積んで、実戦に備えておく必要があります。

ていねいに聞こえる表現を使う

　しかしそれだけでは十分とは言えません。スキットの例でもCould you tell me ...? の代わりに What is your client base in Japan? という聞き方をしたらどうでしょう。声の調子にもよりますが、ずいぶんとぶっきらぼうな印象を相手に与えかねません。やはりそれなりのていねいさが必要です。Can you ...? やWill you ...? ではなく、Could you ...? やWould you...? のように仮定法を使った聞き方をしてていねいさを表現したいものです。またCould you ...? と直接的に聞くのではなく、Is it possible to ...? のように間接的な表現を使って聞くのも、ていねいな質問をする上で必要なテクニックです。

Useful Expressions

■I'd like to ask you about ....
☞…についてお尋ねしたいのですが。

I'd like to ask you about your company's production capacity. What is your maximum monthly output?
御社の生産能力についてお尋ねしたいと思います。月間最大生産量はどれぐらいですか。

■Is it possible to ...?
☞…をすることは可能でしょうか。

Is it possible to cover these three areas this morning?
午前中にこれら3つの分野をお話しすることは可能でしょうか。

■How do you plan to ...?
☞どのようにして…するつもりですか。

How do you plan to reduce the high shipping costs?
高い運送費をどのようにして減らすつもりですか。

■When will you be able to ...?
☞いつ…していただけますか。

When will you be able to give us a concrete figure on the cost of each unit?
各装置のコストついての具体的な数字を、いついただくことができますか。

■What is the likelihood of ...?
☞…する見込みはいかがですか。

What is the likelihood of extending the payment terms to 90 days?
支払期間を90日に延ばすことについて、見込みはいかがですか。

■When would be the best time to ...?
☞…するにはいつがベストですか。

When would be the best time to provide a demonstration of our product?
当社の製品のデモをするのは、いつが一番よろしいですか。

■Could you possibly ...?

☞なんとか…していただけませんか。

> Could you possibly give us a specific reason for such an unusual request?
> なんとか、そのような変則的な依頼をされる具体的な理由を教えていただけますか。

■Would you like to ...?

☞…されたいですか。

> Would you like to see the figures on the cost breakdown?
> 費用の明細をご覧になりたいですか。

■How would you feel about ...?

☞…についてどう思われますか。

> Before you make your final decision, how would you feel about a tour of one of our West Coast plants?
> 最終的な決断を下される前に、西海岸の当社の工場を見学してみませんか。

8 質問・発言の意味を明確にする
Clarifying a question or statement

I'm sorry, but could you explain in a little more detail?

申し訳ありませんが、もう少し詳しく説明していただけませんか。

What exactly do you mean by ...?

…とは正確にはどのようなものですか。

Situation

田中さんは衣料品製造業者のデューレック氏と商談中です。会話の中に、田中さんの知らないことばが出てきます。日本語の商談でも、知ったかぶりがとても危険なことを田中さんはよく知っています。また田中さんは、自分の英語の聞き取り能力に、今ひとつ自信が持てません。以前"variable"（変わりやすい）という単語と"valuable"（価値のある）という単語を聞き間違えて失敗した経験もあります。そこで、自分が理解できなかった点は、恥ずかしいなどと思わず、わかるまで徹底的に聞くことにしました。

交渉例

Track **8**

Dulek: Now I'd like to go over the next part of the package that we are proposing.

Tanaka: Are you referring to the construction of the garments?

Dulek: Yes, that's right. In addition to the quality of the fabric itself, thread durability is of utmost importance.

Tanaka: I'm sorry, but could you explain in a little more detail?

Dulek: Right. One thing that irritates people who wear imported clothing is the threads that often appear at the seams of the garment.

Tanaka: Yes, they can be a problem in more ways than one.

Dulek: Exactly. That's why we use high quality thread and a lock stitch on all our garments.

Tanaka: **What exactly do you mean by** a "lock stitch"?

Dulek: Well, that refers to a sewing machine stitch in which two threads are interwoven. It provides for a reinforced seam.

Tanaka: Oh yes. I understand. I'm sure this technique is highly valued by the consumer. We would certainly require that in each garment.

デューレック：さて、当社の一括提案の次の項目に移りたいと思います。

田　中：衣料品の製造工程のことをおっしゃっていますか。

デューレック：ええ、そのとおりです。生地の品質それ自体に加えて、縫い糸の耐久性が非常に重要なのです。

田　中：すみませんが、もう少し詳しく説明していただけますか。

デューレック：わかりました。輸入品を着る人たちがいらいらするのは、服の縫い目のところに見える縫い糸なのです。

田　中：ええ、縫い糸はいろいろな点で問題になります。

デューレック：そのとおりです。そのため当社はすべての衣料品に高品質の縫い糸を使用し、ロックステッチ縫いを施します。

田　中：「ロックステッチ」とは正確には何のことですか。

デューレック：えーと、それは2本の縫い糸を織り合わせるミシン縫いのことです。それを使うと縫い目が補強されるのです。

田　中：そうですか。わかりました。消費者はきっとその技術を高く評価しているのでしょうね。その技術をすべての衣料品に用いていただきたいと思います。

Vocabulary Notes

●go over	検討する、調べる
●package	一括取引
●refer to ...	…に言及する
●garment	衣服
●fabric	生地
●thread	縫い糸
●durability	耐久性
●utmost	最大の、この上のない
●... is of importance	…が重要である
●in detail	詳しく
●irritate	いらだたせる

●seam	縫い目
●in more ways than one	いろいろな意味で
●lock stitch	ロックステッチ、本縫い

（上糸と下糸の2本を用いて細かくかがりながら縫うミシンステッチ）

●sewing machine	ミシン
●interweave	織り合わせる
●reinforce	補強する
●highly valued	高く評価されている

POINT

わからない点を残したまま交渉を先に進めてはいけない

　相手の言うことをよく聞き、正確に理解するということは、交渉を成功させるための基本的態度です。もし相手の言うことがよくわからないときは、ためらわずにその意味を聞くようにしましょう。英語を聞き取れないときは、もちろん何度でもわかるまで言ってもらうように頼みます。また、たとえ英語の音は聞き取れても、その意味が理解できないというときにも自分勝手に解釈せずに、十分に理解できるまで必ず相手に確かめなくてはなりません。

　とは言っても、いつも「もう一度言ってください」と頼むばかりでは、円滑な、洗練されたコミュニケーションは望めません。よりレベルの高い商談をするためには、ここに挙げたさまざまな表現を使い分けられるようにしておきたいものです。

　また、例文中の "I'm sorry, but ...." や、"I'm afraid ...." のような、会話の softener（緩和表現）を必要に応じて使うようにしてください。使いすぎは聞き苦しいものですが、適度に使えば、話の流れを妨げるぎこちなさが緩和され、雰囲気を損なうこともあまりないでしょう。

Useful Expressions

■Would you clarify that point for us?

☞その点を明確にしていただけますか。

> You said that one of the critical issues is staff levels. Would you clarify that point for us?
> あなたは非常に重要な問題の1つは「社員レベル」だとおっしゃいましたが、その点を明確にしていただけますか。

■Could you be more specific?

☞もう少し具体的にお話しいただけますか。

> You're talking about possible extended production time. Could you be more specific?
> 製造時間の延長の可能性をお話しされていますが、もう少し具体的にお話しいただけますか。

■I don't fully understand what you mean by ....

☞あなたの言われる…という点がよく理解できません。

> I am aware of the problems at customs, but I don't fully understand what you mean by government approval.
> 税関で問題になることはわかります。でも私には、あなたの言う「政府の承認」という点が十分には理解できません。

■I need further explanation about ....

☞…についてもっと説明してください。

> I need further explanation about the dye-wood you intend to use.
> あなたが使おうと考えている染料木材についてもっと説明してください。

■Could you define the term "..."?

☞…という用語の意味を明確にしていただけますか。

> It sounds fine so far, but could you define the term "fully operational" with regard to maintenance management?
> これまでのところはよさそうです。しかし「完全に運転可能」という用語の意味を、維持管理という点に関して明確にしていただけますか。

■Could you tell us more about how ... functions?

☞…がどのように機能するかもっと教えてください。

> You just explained how the systems interface. Could you tell us more about how the main relay functions?
> システムがどのように相互に連係するかについて説明していただきましたが、主要中継装置がどのように機能するかについてもっとお話しいただけますか。

■I'm not exactly sure of what you mean by that.

☞私にはそれが何のことかよくわかりません。

> You referred to a "skeleton staff" for the early morning hours. I'm not exactly sure of what you mean by that.
> 早朝操業時間帯のための「最小限度の人員」について触れられましたが、私にはそれが何のことかはっきりとはわかりません。

■I'm afraid I don't clearly understand your last point. Could I ask you to clarify that?

☞最後のところがよくわかりません。わかりやすく説明していただけますでしょうか。

> A : You seem unhappy with the investment scheme.
> B : I'm afraid I don't clearly understand your last point. Could I ask you to clarify that?
> A : この投資計画にご不満のようにお見受けします。
> B : 最後のところがよくわからないのです。わかりやすく説明してくださいますか。

■I'd be interested to know more about ....

☞…についてもう少し詳しく知りたいのです。

> You just mentioned the importance of producing a product which is "environment friendly." I'd be interested to know more about the effect this will have on your production process.
> 環境にやさしい製品を生産することの重要性について今お話になりましたが、それが御社の生産工程に与える影響について、もう少し詳しく知りたいのです。

9 仮定の質問をする
Asking hypothetical questions

What if ...?
もし…ならどうでしょう。

Situation

アメリカで借家を決めた田中さん、家族が日本からやってくるのですが、それまでに家具をそろえなくてはなりません。少なくとも寝るためのベッドがどうしても必要です。気に入ったベッドを家具店で見つけたのですが、感謝祭の連休に入るのですぐに配達できないと店の人は言っています。ベッドがこないと、田中さん夫婦はもとより、小さな子供たちの寝る場所がありません。そこで交渉です。

交渉例

Track 9

Tanaka: I like this bed. Can you give me a further discount of, say, five percent?

Man: I'm sorry, sir, but this is the best price we can offer. We usually sell this model at $599. I think it's a great bargain.

Tanaka: I see. **What if** I take four of them?

Man: Sorry sir, we really can't reduce the price any further. But we can deliver them free of charge. How's that?

Tanaka: Fine. I'd like them delivered by Saturday.

Man: Unfortunately, we can't deliver them until Monday of next week because of the Thanksgiving holidays. Everybody will be on vacation.

Tanaka: Oh, really? Well then, **what if** I pay you $50 for a special delivery?

Man: That's a totally different story. In that case, I can deliver them to you personally this evening, if it's all right with you.

田　中： このベッドが気に入りました。もうちょっと安くしてくれませんか。５％くらい。

店　員： 申し訳ございませんが、これが私どもができるかぎりの割引価格です。このモデルは通常５９９ドルです。とてもお買い得だと思います。

田　中： わかりました。でも４台買うとしたらどうですか。

店　員： 申し訳ございませんが、これ以上値段を下げることはどうしてもできません。そのかわり無料で配達いたしますが、いかがですか。

田　中： それで結構です。土曜日までに届けてください。

店　員： あいにくですが、感謝祭の休日に入りますので来週の月曜日までお届けできません。みんな休みを取るもので。

田　中： 本当ですか。それでは、もし特別配達料として５０ドル払うとしたらどうですか。

店　員： それなら話はまったく別です。そういうことでしたら、お客様の都合さえよければ今晩私がお宅まで、個人的にお届けにあがります。

Vocabulary Notes

- discount　　　　　　　　割引
- bargain　掘り出し物、よい買い物
- reduce　　　　　　　　　下げる
- further　　　　　さらに、もっと
- deliver　　　　　配達する、届ける

- free of charge　　　　　無料で
- How's that? それでいかがですか。
- Thanksgiving　　　　　感謝祭
  （アメリカではクリスマスとならんで最も重要な休日。通常どの店も休みとなる）

POINT
条件を提示して相手の出方を見る

　交渉では、もしこういう条件であれば相手はどう出てくるかを見たいということがあります。色よい返事が返ってくれば話をまとめてもかまわないし、よい返事がなければ、さらに交渉を続けることができます。

　ここで紹介した交渉例は、私が実際に体験した交渉を簡略化して示したものです。4つまとめて買うことで配達料金をただにできたのですが、配達のタイミングが合いません。ベッドが4つですので自分のクルマで運ぶこともできません。運送会社を探して交渉する手間とその効果を考えると、せっかくまけさせた配達料金ですが、少し余計にお金を払ってでも配達してもらったほうが得だと判断し、50ドルを提示しました。あっさり受け入れられたので拍子抜けしましたが、私にとっては50ドルの価値のある結果でしたので、満足のいく交渉結果でした。

　仮定の質問をするときは、ifを使った仮定法の文章が主役になります。その場合には助動詞のwouldやcouldを使うことが多くなります。普段からその使い方に慣れておきましょう。

Useful Expressions

■If I ..., would you be able to ~?
☞もし…すれば、〜していただけますか。

> If I buy a dozen of them, would you be able to give me a further discount?
> もしそれを1ダース買えば、もっと割引していただけますか。

■If I ..., would it be possible for you to ~?
☞もし…すれば、〜していただくことは可能ですか。

> If I buy a dozen of them, would it be possible for you to give me a further discount?
> もし1ダース買えば、もっと割引してもらうことは可能ですか。

■Suppose I were to ..., ~?

☞もし私が…するとしたら、～ですか。

> Suppose I were to buy a dozen of them. How much more discount would you give me?
>
> もし1ダース買うとして、さらにどのくらい割り引いていただけますか。

■Supposing that ..., what would you say?

☞…だとしたら、いかがですか。

> Supposing that I buy a dozen more, what would you say?
>
> あと1ダースよけいに買うとしたら、いかがですか。

■This is a hypothetical question, but what would you say if ...?

☞これは仮定の質問ですが、もし…だとすれば、いかがですか。

> This is a hypothetical question, but what would you say if I offer you 50 dollars for delivering them by Saturday?
>
> これは仮定の質問ですが、もし土曜日までに配達してくれるのなら50ドル支払うとしたら、いかがですか。

10 質問を繰り返す
Repeating questions

Once again I'd like to ask if ....
…をもう一度お尋ねしたいのですが。

Situation

田中さんは医療器具メーカーのベック氏と商談中です。ベック氏は田中さんの会社から工作用機械を購入したいと考えているようですが、機械のサイズに問題がありそうです。田中さんとしてはサイズに多少変更を加えてベック氏の要求に合うものを提示し、その機械を購入してもらいたいところです。その線でベック氏の合意を得るべく交渉を進めています。

交渉例

Track
10

Beck: We know, Mr. Tanaka, that your company's products are well-made, and they certainly will meet our needs for durable equipment. Our biggest concern is their size.

Tanaka: In what way is size a problem?

Beck: For this particular operation, the machinery must fit into a console which will incorporate other equipment. Your machinery doesn't meet our size requirements.

Tanaka: Would you be willing to look at basically the same type of machinery with some modifications in its dimensions?

Beck: Well, we're working with a tight budget and we have no room for added expense. Of course, any modifications to the machinery must not sacrifice its functional capacity.

Tanaka: I see. I think it is possible to make the necessary changes in size in order to meet your requirements. **Once again I'd like to ask if** you would consider purchasing the machinery with modifications only in its size.

Beck: Yes, we would. We are definitely interested in your machinery.

ベ ッ ク：田中さん、御社の製品は作りがよいので、当社の耐久設備の必要条件を間違いなく満たすでしょう。しかし私どもの最大の懸念はその大きさにあります。

田 中：大きさがどういう点で問題なのですか。

ベ ッ ク：この作業のためには、機械は他の装置を組み込むコンソールの中にうまく収まらなければなりませんが、御社の機械は当社の寸法に関する要件を満たしていないのです。

田 中：基本的に同じタイプの機械で、寸法に多少変更を加えたものを検討するお気持ちはありますか。

ベ ッ ク：さあ、当社は厳しい予算でやりくりしておりますので、これ以上の費用をかける余裕がないのです。もちろん変更を加えたからと言って、機能を犠牲にしたくはありません。

田 中：わかりました。要求に沿うように、寸法に関して必要な変更を加えることは可能だと思います。再度お聞きしたいのですが、寸法に関する変更だけを行えば購入を検討いただけるのですね。

ベ ッ ク：ええ、その線で検討いたします。御社の機械にたいへん関心を持っておりますので。

●well-made	作りがよい	●modifications	変更、修正
●concern	懸念	●dimensions	寸法、容積、体積
●In what way ...?		●tight budget	厳しい予算
	どのような点で…ですか。	●have no room for ...	
●particular			…の余裕がない
	（今話題にしている）この	●added expense	追加経費
●machinery	機械、機械装置	●sacrifice	犠牲にする
●console	制御装置、コンソール	●capacity	能力
●incorporate	組み入れる	●purchase	購入する
●requirement		●definitely	まったく、決定的に
	要件、要求される条件		

POINT

不明確な点は、
わかるまで徹底的に質問する

　交渉では、同じ質問を繰り返し聞くことが必要な場合があります。こちらの質問に対する相手の返答が理解できない場合や、返答のポイントがはっきりしない場合はもちろんですが、それ以外にも、スキットの例のように、ある条件で本当によいのか相手に確認しなければならない場合や、他によりよい選択肢がないので前に提示した条件で考え直してほしい、などと相手に再考を迫る場合などにも必要になります。

　同じことをまた聞くのは相手に対して悪いのではないかと質問をためらう気持ちが起きることがありますが、交渉の場で遠慮は禁物です。はっきりと聞くべきことは聞きましょう。しかし質問を全く同じ文章で繰り返すのはぎこちないものです。そればかりか、相手は、せっかく返答したのに聞いていなかったのかと気分を悪くするかもしれません。そこで「もう一度お伺いしたいのですが…」というニュアンスをうまく出すように工夫をして聞きます。again, once again, so, then などのことばをうまく使って、質問をやわらげてみてください。また「最初の（先ほどの）質問に戻りますが…」などの表現もたいへん役に立ちます。

Useful Expressions

■So, is it possible to ...?

☞それでは、…することは可能なのですか。

> I truly understand your situation. So, is it possible to provide you with a proposal which contains these requirements by Thursday?
> 御社の事情はとてもよくわかりました。それでは、これらの要件をカバーした提案書を、木曜日までに御社に提出することは可能ですか。

■If I may ask again, ...?

☞もう一度お尋ねしたいのですが、…ですか。

> If I may ask again, would you be willing to accept a 10% discount based on the number of units you intend to purchase, which is 20,000 cases?
> もう一度お尋ねしたいのですが、御社が購入を計画されている数量、つまり2万ケースについて10%の割引でご了承いただけるのですね。

■Once more, I'd like to know if ....

☞もう一度、…についてお尋ねしたいのですが。

> Once more, I'd like to know if a two-month delivery period would be acceptable to you.
> もう一度、2カ月の納期が御社にとって受け入れられるものかどうかお尋ねしたいのですが。

■Then, could we ...?

☞それでは、…していいですね。

> Then, could we offer you a revised maintenance plan which would cover the issues you just raised?
> それでは、今提起されました問題点をカバーした保守計画の改訂版を、御社に提案してよろしいですね。

■As I requested earlier, would you ...?

☞先ほどお願いしたとおり、…していただけませんか。

> As I requested earlier, would you please provide us information on the special power requirements for the system no later than next week?
> 先ほどお願いしましたように、このシステムの特殊な電力要件に関する情報を来週までに教えていただけますか。

■Therefore, I need to ask you once more to ...

☞したがって、…することを再度お願いしたいのです。

> Yes, it is an important point. Therefore, I need to ask you once more to revise your figures in this area.
> はい、それは重要な点です。したがって、この分野の御社の数字を修正していただくよう再度お願いしたいのです。

■Going back to my original question, is it ...?

☞私の最初の質問に戻りますが、…ですか。

> There's just one more thing. Going back to my original question, is it necessary for all items to include this special feature?
> あともう1点あります。私の最初の質問に戻りますが、製品のすべてがこの特殊な機能を備える必要がありますか。

■I really need to know if ....

☞私は…について、本当に知りたいと思っているのです。

> I see your point. However, I really need to know if equipment installation is your main concern.
> あなたのおっしゃることはわかります。ですが、装置の設置があなたの主要な関心事であるかどうか、私は本当に知りたいのです。

I'd be happy to do that if ....
もし…であれば、よろこんでお答えするのですが。

Yes, on condition that ....
…という条件であれば、そのとおりです。

Situation

アメリカの大手医療機器メーカーの代表者であるフォスター氏は、田中さんの会社と取引を始めることに積極的です。ここ数週間、2人は契約について交渉してきました。ほとんどの分野で交渉は進展してきましたが、まだ細かい点で詰める作業が残っています。

　フォスター氏は、田中さんの会社に発注する製品の設計と開発にどのくらい時間がかかるのか知りたがっています。しかしそれに答えるには、さらに相手からの情報が必要です。田中さんとしては「もし…であればお答えできます」という条件付きで返事をする必要があります。また部品の無償交換の件も、「仮にこういう条件を御社が満たせば」などと答える必要があります。

交渉例

Track
11

Foster: If we can work out these two issues, I think that this will be the beginning of a mutually beneficial business relationship.

Tanaka: Yes, I agree. We do have a lot in common. Furthermore, we have been looking for progressive companies like yours with whom we can establish strong business ties.

Foster: I am glad you feel that way about us. So, assuming that these final points are resolved, can you tell us how long it will take to complete the design and development phase of

73

your new products?

Tanaka: **I'd be happy to do that if** I can receive the specifics of the equipment you'd like us to manufacture. I want to make sure we meet your standards precisely.

Foster: Of course. I'll have that ready in about an hour. By the way, I was impressed with your brochure outlining the history and products of your company.

Tanaka: Yes, we have a long and proud tradition. Oh yes, here is our company's most recent annual report.

Foster: Thank you, Mr. Tanaka .... Now, moving on to parts replacement. You said you would provide such parts at no cost to us.

Tanaka: **Yes, on condition that** you accept our standard clause in the contract concerning warranty. That spells out exactly the terms of parts replacement. You will find that our policy in this area is undoubtedly the best in the industry.

フォスター：これら2つの点を解決できれば、これは両社にとってメリットのある取引関係の始まりになるでしょう。

田　中：ええ、そのとおりですね。われわれには共通点がたくさんあります。さらに言えば、これまで御社のような、進歩的な会社と緊密な取引関係を築こうと考えておりました。

フォスター：私どもの会社をそのように考えてくださってうれしく思います。そこで、こうした最終的な問題点を解決できるとして、新製品の設計、開発段階が完了するのにどのくらいの時間がかかりますか。

田　中：当社に製造を希望される機械の仕様をいただければ、よろこんでお教えいたします。御社の規格を正確に満たせることを確認したいのです。

フォスター：もちろんです。1時間ぐらいで用意させます。ところで、御社の沿革と製品の概要をまとめたパンフレットには感心しました。

田　中：ええ、私どもには長くて誇り高い伝統があります。そうそう、これが最新の年次報告書です。

フォスター：ありがとうございます、田中さん。さて、部品の交換に話を移しましょう。部品は無料で供給していただけるとおっしゃっていましたが…。

> **田　中**：ええ、保証に関する契約の中で、当社の通常の条項を受け入れてい
> ただけるなら、そのようにいたします。その条項には、部品交換の
> 際の条件が詳細に説明されています。当社の保証契約が間違いなく
> 業界最高のものだということが、おわかりいただけると思います。

Vocabulary Notes			
●work out	（苦労して）解決する	●specifics	仕様
●issue	問題点	●precisely	正確に
●mutually	相互に	●brochure	パンフレット
●beneficial	利益をもたらす	●outline	概要を述べる
●business relationship	取引関係	●annual report	
●have a lot in common			年次報告書、アニュアルレポート
	共通点が多い	●move on to ...	…に移る
●furthermore	その上に、さらに	●on condition that ...	
●progressive	進歩的な		…という条件で
●assuming ...	…と仮定して	●clause	条項
●resolve	解決する	●warranty	保証
●design and development phase		●spell out	はっきり説明する
	設計・開発段階	●undoubtedly	疑いなく

POINT

「条件付きの」答えであることを 相手に認識させることが重要

　交渉においては、相手の依頼や質問に対していつも完全な返事ができ
るわけではありません。むしろ何らかの条件を付けて返事をする場合が
ほとんどです。つまり、より詳しい情報がないと返事ができない、相手が
必要な条件をのんでくれるかどうかわからない、本社に持ち帰って相談
をしないと答えられない、といったような状況です。このような場合に
は、必ず「これは仮の返事である」というニュアンスを相手に理解させる
必要があります。そうしておかないと、あのときあなたはこう答えたでは
ないかと、相手側に言質を取られかねません。

　もちろん、ここで紹介するような、条件を付けた返事は、受身的に使う
だけでなく、相手から情報を引き出すとき、ある条件を受け入れるかど
うか、相手の反応を見るとき、行動の遅い相手にアクションを促すとき
などにも積極的に使うことができます。

Useful Expressions

■In order to ..., we would need to ~.

☞…するには、～する必要があります。

> In order to estimate the quantity, we would need to see your marketing plan.
> 数量を見積もるためには、御社の販売計画を見せていただく必要があります。

■That's possible, if ....

☞もし…なら、可能です。

> A : We are aiming for a June 1st product launch.
> B : That's possible, if no product modifications are necessary.
> A : 当社は、6月1日の新製品発表を目指しています。
> B : それは可能です。もし製品手直しの必要がなければですが。

■If you will ..., I'll be glad to ~.

☞もし…していただけるのなら、よろこんで～いたします。

> If you will fax me a copy of your new layout, I'll be glad to send you our configuration plan by the end of the week.
> 御社の新しい配置図をファクスしていただければ、よろこんで週末までに機種構成案をお送りいたします。

■We can ..., providing that ~.

☞～という条件が満たされれば、…することができます。

> We can send the first shipment as early as Thursday, providing that a letter of credit accompanies the order.
> もし信用状が注文書とともに到着するのでしたら、木曜日には最初の出荷が可能です。

■If we can ..., I'm quite sure we'll be able to ~.

☞もし…することができれば、～することができると確信します。

> If we can get a one-year warrant on these parts, I'm quite sure we'll be able to place an order with your company.
> もしこれらの部品に1年間の保証が付けば、御社に発注できると確信いたします。

■We can agree to that if ....
☞もし…なら、賛成です。

> A : We feel very strongly about having a female CEO from our company on the Board.
>
> B : We can agree to that if she is qualified in the field of corporate investment.
>
> A : 取締役会に当社の女性の最高経営責任者を出すことについて、私どもはたいへん自信を持っております。
>
> B : もし彼女が企業投資分野の適任者であれば、われわれも同感です。

■... as long as ~.
☞～のかぎり、…です。

> A : We would ask that you financially assist the project in increasing the funding for advertising.
>
> B : We see no problem with that as long as the costs do not become prohibitive.
>
> A : 広告資金の提供を増やしていただくことで、このプロジェクトを金銭面から援助していただくようにお願いしたいのです。
>
> B : 費用が法外なものにならないかぎり問題ありません。

■If you could ..., we would consider ~.
☞もし、していただけるなら、～を考慮いたします。

> If you could guarantee security of our information, we would consider providing you the software encryption codes for the new computer system.
> 情報保護を保証していただけるなら、新しいコンピュータ・システム用の、ソフト暗号化のためのコードをお教えすることを考えてもよいでしょう。

12 即答を避ける
Avoiding a reply

Well, it's rather difficult to say at the moment.
今すぐお答えするのは、ちょっと難しいですね。

I'll need to think it over.
検討させてください。

Situation

田中さんはアメリカの事務機器メーカーのイングラム氏と交渉中です。イングラム氏は、田中さんの会社のポータブルレーザープリンタを製造販売することに大いに興味を持っています。イングラム氏の質問のいくつかはすぐに答えることができますが、その他の質問は、上司と相談してから答えるべきものです。すぐに答えられないものについては、その旨はっきりとイングラム氏に言うことにしました。

Ingram: We're very interested in your company's products, Mr. Tanaka. And it goes without saying that great potential exists for business in my country.

Tanaka: Yes, we too feel that the market here is ripe for expansion. My company believes that competing effectively abroad allows us to keep the edge we need at home.

Ingram: Good point. So let's get down to business, shall we? The first thing that needs to be discussed is to make a feasibility study to determine whether both manufacturing and marketing would be viable in our country. Can your company do that?

Tanaka: **Well, it's rather difficult to say at the moment.** We would have to weigh the necessary commitment against the potential benefits. We would have to look at the cost and the time required for such a task.

Ingram: I see. I guess there may be other ways to approach this. If we have time before you leave this afternoon, I would like to explore this possibility with you.

Tanaka: That's fine with me, but I must leave by 4 p.m., as I have to catch a 6:00 flight. If we don't get to this today, I'll take it back to my company and present you with a proposal at our next meeting.

Ingram: At any rate, if we do business with your company, we would insist that we be granted the right to make and sell your product not only in our sales territory, but nationwide as well.

Tanaka: Actually, we weren't planning on such a wide-scale operation during the initial stages. Right now, all I can tell you is that **I'll need to think it over**. We will be sure to discuss this point in detail the next time we meet.

イングラム：御社の製品にとても関心を持ちました。言うまでもなく、わが国ではたいへんな将来性があります。

田　中：そうです、こちらの市場でも発展の機が熟していると思っています。当社は、海外市場で有効に競争を展開することは、国内市場での強みを維持することにもなると考えております。

イングラム：そのとおりですね。それでは本題に入りませんか。最初に話し合わなければならないのは、わが国で製造と販売の両方を行うことに見込みがあることかどうかを見定めるためのフィージビリティ・スタディの件です。御社で、それをやっていただくことはできますか。

田　中：さあ、今すぐお答えするのはちょっと難しいですね。潜在的な利益と必要な投資をはかりにかけなければなりません。その仕事のために必要な費用と時間を調べなければなりません。

イングラム：わかりました。この問題についてはおそらく、ほかにも方法があるかもしれません。今日の午後、出発される前にお時間がありましたら、一緒にその可能性についてお話ししたいのですが。

田　中：それは結構ですが、午後6時の飛行機に乗るので4時には失礼しな

79

けなければなりません。今日この話ができなければ、会社に持ち帰って、次回の会議の際に提案したいと思います。

イングラム：いずれにしても、御社と取引をすることになれば、販売地域だけでなく、全国的な規模で御社の製品を製造・販売する権利を得たいと主張するつもりです。

田　中：じつは、初期の段階ではそのような広範囲の事業展開計画はありませんでした。現時点で言えるのは、その件についてよく検討する必要があるということだけです。この点につきましては、きっと次回お会いしたときに詳しくお話しすることになるでしょう。

Vocabulary Notes

- it goes without saying ....
　　　　　　　…は言うまでもない
- potential　　　　　可能性、将来性
- ripe　　　　　　　　熟している
- the edge　　　　　優位性、強み
- get down to business　本論に入る
- feasibility study　実現可能性調査、
　　　　フィージビリティ・スタディ
- viable　実現可能な、存立できる
- at the moment　　　今のところ
- weigh　　　　　　はかりにかける
- explore　　　　探求する、調査する
- grant　　　　　授与する、与える
- sales territory　　　　販売地域
- nationwide　　　　　　全国的に
- wide-scale　広範囲の、大規模な
- initial stage　　　　初期の段階
- think over　　　　　　熟考する

POINT

即答できない質問には、答えられない旨を明確に伝える

　交渉において、相手の質問に即答できない状況はしばしば発生します。自分に答える権限がない場合、ほかに情報が必要な場合、社内の人と相談をしなければならない場合などです。そのようなときには、下手に「こうできるかもしれない」などと、相手に気を持たせるような返事をするよりも、「即答できない」「少し考えてみたい」「あとで返事をする」、あるいは「～と相談してから返事をする」などと、その旨はっきりと言うようにします。そのほうが誠意が相手に伝わり、交渉はうまく進むものです。

Useful Expressions

■I'd rather not comment on that at this time.

☞その点について現段階でコメントするのは差し控えたいと思います。

A : After successfully completing our first year in this business venture, we would want to take over all maintenance functions from your company.

B : I'd rather not comment on that at this time.

A : この事業の最初の１年が成功裏に終われば、御社から維持管理機能をすべて引き継ぎたいと思っているのですが。

B : その点について現段階でコメントするのは差し控えたいと思います。

■I'll have to check with ... before I answer that.

☞…に確認の上、お答えいたします。

A : In order for us to do business with your company, we need to know if you can vastly increase your production capacity.

B : I'll have to check with manufacturing before I answer that.

A : お取引するためには、御社が生産力を大幅に増大させることができるかどうかを知る必要があります。

B : 製造部に確認した上でお返事いたします。

■I'm not authorized to make that decision.

☞それを決める権限は私にはありません。

A : Can you give us a 25% discount if we increase the size of the order?

B : I'm not authorized to make that decision.

A : 注文量を増やせば２５％引きにしていただけますか。

B : それを決める権限は私にはありません。

■I'd have to consult with ... before giving you a final answer.

☞最終的な返事をする前に、…と相談しなければなりません。

A : We would expect you to hold us harmless from any lawsuits resulting from product defects.

B : I'd have to consult with our corporate lawyers before giving you a final answer.

A：製品の欠陥で訴えられても、当社に損害を及ぼさないようにしていただくことを御社に求めます。

B：最終的な返事をする前に、当社の弁護士と相談しなければなりません。

■I'd like to defer that to a later time.

☞それはあとに回したいと思います。

A：Shall we start working on the licensing agreement now?

B：I'd like to defer that to a later time. At this point, I think it would be better to discuss some of the pending issues.

A：ライセンス契約についての協議から始めましょうか。

B：それはあとにしたいと思います。現段階では懸案事項を話し合ったほうがよいのではないかと思います。

■I'll get back to you on that.

☞それについては後ほどお話しします。

A：You've got to do something about the high shipping costs.

B：I understand. I'll get back to you on that. I'd like to move on to the terms of payment, if I may.

A：高い輸送費をどうにかしていただかなければなりません。

B：わかっておりますが、それについてはあとでお話しします。もしよろしければ支払条件に移りたいと思います。

■I've got to clear that with my people in ... before I can respond.

☞お答えする前に、…部の担当者を通さなければなりません。

A：Designing a new product is not necessary. We are looking for a modification of this model.

B：I've got to clear that with my people in manufacturing before I can respond.

A：新しい製品を設計する必要はありません。このモデルの変更を求めているのです。

B：お答えする前に、製造部の担当者を通さなければなりません。

■I'm afraid I can't answer that right now.

☞今の時点では、残念ながらお答えできません。

A : I heard that there's a major shake-up in management which is taking place in your company. Will the company president be replaced?

B : While there will be some changes, I'm afraid I can't answer that right now.

A : 御社で経営陣の大幅な刷新が行われていると聞きました。社長は交代されるのですか。

B : かなりの変革はあるでしょうが、今の時点では、残念ながらお答えできません。

■I'd like to review the ... before I reply.

☞…を調べた上で、ご返事したいと思います。

A : We're very upset about the lost order. This has resulted in the loss of potential customers. We anticipate that you will compensate us.

B : I'd like to review the shipping documents before I reply.

A : 注文を失ったことについて、たいへんまいっております。これによって潜在的な顧客を失う結果になりました。御社がこれを償ってくれるものと期待しております。

B : 船積書類を調べた上で、返事をしたいと思います。

13 話題を変える
Changing the subject

> ### May we talk about ... for a moment?
> …についてちょっとお話ししませんか。

Situation

田中さんは、最新技術の粋を集めた、しかし壊れやすい医療器具の輸入について、医療器具メーカーのガーランド氏と商談をしています。田中さんには過去に他の製造業者から医療器具を輸入したところ、輸送中に製品が破損したという苦い経験があります。したがって今回は、交渉の早い段階で、輸送時の安全対策について話し合いたいと考えていますが、いつ、どのように切り出すかが難しいところです。

交渉例

Track
13

Garland: So, as you've seen from my presentation, this new manufacturing process allows us to produce state-of-the-art medical equipment at highly competitive prices.

Tanaka: I'm sure it does. How much testing has gone into this new process?

Garland: I can assure you, Mr. Tanaka, that products manufactured from this process have been extensively tested for accuracy and reliability. Our product testing has been conducted for one year on over 30,000 units.

Tanaka: That sounds impressive, but I was wondering if you could show me something more concrete in the area of product testing.

Garland: Certainly. I could provide you with a summary of the test results, if you like.

Tanaka: I'd appreciate that. Now, **may we talk about** packaging **for a moment**?

Garland: Sure. What's on your mind?

Tanaka: We're concerned about product damage. If we purchase this equipment, it must arrive safely. We have no time to return items due to breakage.

Garland: I understand. Here's how we package this delicate equipment ....

ガーランド：さて、私のプレゼンテーションからおわかりのように、この新しい製造工程によって、最先端の医療機器をたいへん競争的な価格で製造できるようになりました。

田　中：きっとそのとおりでしょうね。新しい工程についてはどのくらいテストされましたか。

ガーランド：この工程で製造された製品について、精度と信頼性の面から徹底的にテストしてきたと断言できます。製品検査は、1年間にわたり3万点を超える機器について行いました。

田　中：それはすごいですね。でも製品検査に関しては、何かもう少し具体的なものを見せていただけないでしょうか。

ガーランド：もちろんです。よろしければ、検査結果の要約を差し上げましょう。

田　中：ありがとうございます。さて、梱包についてちょっとお話ししたいのですが。

ガーランド：はい、何でしょう。

田　中：当社は製品の破損を懸念しております。当社がこの機器を購入することになった場合には、無事に入手したいのです。破損のために製品を返却するという時間的余裕がないのです。

ガーランド：わかりました。このデリケートな機器は、次のように梱包します…。

●state-of-the-art 最新式の、最新技術の	●reliability 信頼性
●competitive 競争的な	●concrete 具体的な
●assure 断言する、請け合う	●What's on your mind? 何をご心配になっていますか。
●extensively 広範囲にわたって、徹底的に	●damage 破損、損傷
●accuracy 精度、正確さ	●purchase 購入する
	●breakage 破損

POINT
相手の感情を損ねずに話題を変えるコツ

　こちらにとって重要な点を早く話したいのに、相手が他のそれほど重大でない話題について熱心に話している場合、相手の感情を損ねずに話題を変えるテクニックが必要となります。タイミングが重要なことは言うまでもありません。唐突に話題を変えると、相手に不信感を与えてしまい、その後の交渉に支障をきたします。相手の発言内容を理解していることを相手にわからせつつ、話題を変えたい、…の話に移りたい、などと相手に告げるようにします。適切な表現で言う必要があるだけでなく、柔らかな声の調子を用いることも重要です。会話を支配しているような印象を相手に与えてはいけません。

　"May we ...?"、"Shall we ...?"、"Could we ...?" など、ここで紹介する表現は、疑問文形式で、かつていねいなことばを使用しています。それだけでなく、we を主語にすることで、自分だけではなく相手のことも考えてのことというニュアンスが伝わり、相手にとって感じのよい表現になります。つまり「共通の利益のために…しませんか」という響きになるからです。

Useful Expressions

■Shall we move on to ...?
☞…の話に移りましょうか。

> Shall we move on to product advertising?
> 商品広告の話に移りましょうか。

■Could we take a look at ... now?

☞ここで…について話し合いませんか。

> Could we take a look at pricing now?
> ここで価格設定の話を少し、しませんか。

■I'd like to change the subject and talk about ....

☞話題を変えて、…について話し合いたいと思います。

> I'd like to change the subject and talk about the possibility of exclusivity.
> 話題を変えて、独占販売権の可能性について話し合いたいと思います。

■Let's proceed to ....

☞…の話に移りましょう。

> Let's proceed to incentive schemes for retailers.
> 小売業者用の報奨金プログラムの話に移りましょう。

■At this point, we need to talk about ....

☞現時点で、…について話し合う必要があります。

> At this point, we need to talk about payment conditions.
> 現時点で、支払条件について話し合う必要があります。

■Could we jump to ... now?

☞…の話に飛んでよろしいですか。

> Could we jump to your company's marketing system now?
> 御社のマーケティング・システムの話に飛んでよろしいですか。

■Sorry to digress, but I'd like to raise the issue of ....

☞話がそれて申し訳ありませんが、…の問題を提起したいと思います。

> Sorry to digress, but I'd like to raise the issue of volume incentive discounts.
> 話がそれますが、販売数量奨励割引の問題を提起したいと思います。

■By the way, I have another point which will benefit your company.

☞ところで、ほかにも御社の利益となることがあります。

> By the way, I have another point which will benefit your company. If we

87

become partners in this business, we would pay you a generous royalty, which will finance your R & D work on the project.

ところで、ほかにも御社の利益になることがあります。われわれがこの件で取引関係を結ぶことになれば、当社は特許使用料を十分にお支払いします。それは御社のこのプロジェクトに関する研究開発の原資になるでしょう。

precious opinion は「貴重なご意見」?

Coffee Break

よく「貴重なご意見をありがとうございました」と言うつもりで、"Thank you for your precious opinion." という人がいます。確かに英和辞典でpreciousを引きますと「貴重な」という訳語が出ています。しかし、"Thank you for your precious opinion."という文章を英語のネイティブスピーカーが聞きますと、言い方にもよりますが、ニュアンスとしては「結構なご意見、アリガトサン」という皮肉に聞こえるようです。本来の意図を伝えたければ "Thank you for your valuable comment." などと言うほうがよいでしょう。

また、「～したほうがいいですよ」と言うつもりで、"You had better ～." と言う人もいます。これも危険な表現です。"You had better ～." というのは「あなたは～しないとひどい目にあいますよ」という意味の脅し文句として使われることが多いのです。これはお母さんが子供に命令するような場合には適切ですが、大人同士の会話では避けたほうが無難です。「もう遅くなりました。そろそろお帰りになったほうがいいですよ」と言いたいときは、"You'd better go home now." ではなく、"It's getting late. You might want to be on your way now." などと言うほうが安全です。

14 最終的な返事をする
Giving a final reply

After carefully reviewing this point, we've decided to ....
この点について慎重に検討した結果、…することに決まりました。

We've looked into this issue, and we've come to the conclusion that ....
この問題について検討したところ、…という結論に達しました。

Situation

田中さんは、医療用器具を製造するパワーズ氏の会社のタイにある工場に機械を販売すべく交渉を重ねてきました。交渉はいよいよ最終段階です。ここでパワーズ氏から新たな要求が出されました。工場の技術者に新しい機械の操作方法の訓練をしてほしいというのです。またタイ語の操作マニュアルも用意してほしいとのことです。これらの点について、田中さんはトップの最終的な意向を確かめてきました。それが社内で考え抜いた最終案であるというニュアンスがパワーズ氏に伝わるよう、表現に注意を払います。

交渉例

Track
14

Powers: In our last meeting we briefly talked about your training program for our maintenance staff. Have you decided how you would take care of that?

Tanaka: Yes, we have. **After carefully reviewing this point, we've decided to** send our engineers to your factory. Here's how we intend to accomplish this ....

Powers: Very well. We could easily provide your people with accommodations, as we have ample company housing.

There are also some stores in the main town which sell various Japanese food items.

Tanaka: I'm sure they'll appreciate that. Oh yes, I almost forgot to tell you. Initially, we may have to increase our original number by two. Mr. Okada and Mr. Abe will be needed in the control room to handle training for systems interface.

Powers: That should be no problem. Lastly, we have to decide about the writing of operations manuals. I assume that your company will provide these manuals.

Tanaka: **We've looked into this issue, and we've come to the conclusion that** the best way to handle this would be to have our engineers provide all the necessary information, which we would provide in English. Then your people could translate that information into Thai. Does that seem like a good solution?

Powers: It certainly does. It would also give us a chance to ask any last-minute questions to your engineers before they return to Japan.

パワーズ：前回の会議では、当社の保守担当者に対する訓練プログラムについて少し話し合いましたが、どのように訓練を行うか、御社の結論は出ましたか。

田　中：ええ、出ました。慎重に検討した結果、技術者を御社の工場に派遣することに決定しました。次のように実行したいと考えておりますが。…（略）

パワーズ：結構ですね。宿泊施設はこちらでご用意しましょう。うちには社宅がたくさんありますから。それに町では日本の食材を売っている店が何軒かあります。

田　中：それを聞いてきっと喜ぶことでしょう。そう、忘れるところでした。当初は派遣人員を2名増やさなければならないでしょう。岡田と阿部がコントロール室でシステムインターフェースの研修を行う必要があります。

パワーズ：問題ないでしょう。最後になりますが、操作マニュアルの作成について決めなければなりません。御社のほうでマニュアルを作っていただけると考えておりますが。

田　　中：この件について検討しましたところ、最善の方法は次のようなものであろうという結論に達しました。つまり当社の技術者が必要なすべての情報を提供します。これは英語で提供します。それを御社のスタッフがタイ語に翻訳するというものです。よい解決方法だと思いませんか。

パワーズ：本当によい案だと思います。そうすれば、御社の技術者が日本に帰る直前まで、当方が質問できることにもなりますね。

Vocabulary Notes

- briefly 　　　　　短く、簡単に
- accommodations 　　　　宿泊設備
- ample 　　　　十分な、豊富な
- appreciate
　　高く評価する、ありがたく思う
- almost forgot
　　　　　忘れるところであった
- initially 　　　　　当初は
- increase ... by two
　　　　　…を2人増やす

- operations manual
　　操作手引書、操作マニュアル
- assume
　　想定する、当然のことと決め込む
- look into 　　　　　調査する
- issue 　　　　　論争点
- come to the conclusion
　　　　　結論に達する
- solution 　　　　　解決
- last-minute
　　土壇場の、最後の瞬間の

POINT

最終的な回答は
タイミングを見計らって戦略的に

　交渉において、もうこれ以上の調整や交渉の余地はなく、この線で決めたいという意思表示をするときに、ここで紹介するような最終的な返事を行います。"We've decided that ...."、"We've come to the conclusion that ...." や "We hope you'll accept this final offer." というような表現を用いますと、相手に対して「これを受け入れるか、あるいは断るかのどちらかですよ」というメッセージを出すことになり、交渉の主導権を握ることになります。十分に計算した上で、ここぞというときに使うようにしましょう。

Useful Expressions

■We examined your proposal carefully, and we have decided to ....

☞御社の提案を慎重に検討した結果、…することに決定いたしました。

> We examined your proposal carefully, and we have decided to purchase 200 units for our West Coast plant.
> 御社の提案を慎重に検討しました結果、当社の西海岸の工場用に200個購入することに決定しました。

■I'd like to present our final offer.

☞最終的な提案をいたしたいと思います。

> We've made every possible major concession, so I'd like to present our final offer.
> 私どもは可能なかぎり譲歩をいたしました。そこで最終的な提案をいたしたいと思います。

■I've revised the figures. Here's the best I can do.

☞数字を見直しました。これば私の出せるぎりぎりの線です。

> I've revised the figures. Here's the best I can do. For every case you purchase from us in excess of 100,000 cases, I will give you a 30% discount.
> 数字を見直しました。これが私の出せるぎりぎりの線です。10万ケースを超えてお買い上げいただければ、超えた分について30％の割引をいたします。

■We've done everything possible to meet your demands. We hope you'll accept this final plan.

☞御社の要求にお応えできるよう、可能なかぎりのことをいたしました。この最終案をお受けくださいますようお願いします。

> As you know, our company has been working on this aspect of the project for the last three months. We've done everything possible to meet your demands. We hope you'll accept this final plan.
> ご承知のように、過去3カ月間、プロジェクトのこの面について、当社は努力を重ねてまいりました。御社の要求に応えるべく可能なかぎりのことをしてまいりまし

た。この最終案を受け入れてくださることを希望します。

■I've spoken with our executives, and they have given me this final proposal.

☞当社の上の者と相談した結果、この最終案となりました。

I've spoken with our executives, and they have given me this final proposal. It calls for a 12% discount and full technical support for the first year.

当社の経営陣と話し合いましたところ、この最終案となりました。12%の値引、および最初の1年間は全面的に技術支援をいただくことを要請します。

■In the final analysis, we feel we must ....

☞つまるところ、…しなければならないと考えています。

In the final analysis, we feel we must not sacrifice the quality of our product at any cost.

つまるところ、どんなことがあっても当社は製品の品質を犠牲にしてはならないと考えます。

■In my view, the only viable decision is ....

☞私の考えでは、唯一実行可能な決定は…です。

After all is said and done, in my view, the only viable decision is to demand software with a built-in encryption function. This is an easy way to enhance the security features of your company's computer system.

結局のところ、私の考えですが、唯一実行できる見込みのある結論は、暗号化機能を組み込んだソフトを要求するということです。これは御社のコンピュータ・システムの防衛機能を強化する簡単な方法です。

■The bottom line is ....

☞肝心な点は…です。

The bottom line is that, in order for us to make a deal, we must have a late penalty clause included in the contract.

肝心なのはわれわれが取引をするためには、延滞罰則条項を契約の中に盛り込まなければならないという点です。

15 相手に決断を促す
Forcing a commitment

From my viewpoint, it's time that you ....
私といたしましては、そろそろ…していただいてよい頃だと思います。

I'm afraid we can't ... until we get a commitment from you on ~.
〜についてお約束をいただけるまでは、…できかねます。

Situation

田中さんはイギリスの医療器具メーカー社長のノース氏と、双方の関連会社同士の合併計画について交渉中です。ノース氏の案では、社員のほとんどがノース氏側の会社から来ることになります。田中さんは、全体としてはノース氏の提案に賛成なのですが、人員問題だけは別です。特にトップ・マネジメントの人数配分だけは譲れません。しかしノース氏は、この問題での自分の案を変更することをためらっています。この問題は今後の交渉に決定的に重要なので、田中さんはノース氏に決断を迫ります。

交渉例

Track
15

Tanaka: I think you'll agree that we've both done our best to create the most optimum conditions for a successful merger. However, I'm quite concerned, to say the least, about my company's employees. I must protect as many of these jobs as possible.

North: I realize that, Mr. Tanaka. I believe my plan deals with personnel from your company and mine in a fair manner. Since the plant will be located in England, the majority of

94

employees should come from my country.

Tanaka: True, but I've proposed that 60% of the top management positions be filled by Japanese, due to the fact that we're providing the bulk of the financing as well as the technology. So far, you've avoided agreeing to my proposal. **From my viewpoint, it's time that you** concur on this point.

North: Well, we want to review your proposal once more. We still have plenty of time to address the topic of management positions.

Tanaka: I'm sorry, but I don't agree. We've given you more than ample time to respond to our initiative. Unfortunately, this point keeps getting pushed back every time we meet.

North: Mr. Tanaka, we still have some outstanding major issues to settle. My company is working hard to do that. By the way, we haven't even begun to establish sales quotas for the first year.

Tanaka: Mr. North, I think we're losing sight of the objective here. We must determine top management numbers at this point in our negotiations because it affects many other areas of operations. Quite frankly, we feel the 60% figure is not an unrealistic number. Agreement with this should not be difficult for your company.

North: Actually, we want to look at the possibility of increasing our number in this area.

Tanaka: Well, Mr. North, you know that my company has been extremely flexible in all major areas of negotiations thus far. However, this issue is very important to us. **I'm afraid we can't sign a contract until we get a commitment from you on** our top management figures.

North: I see. In that case, you have my word that it will be resolved as the first item on the agenda for next week.

田 　中：合併成功のための最適条件をつくることに、お互いベストを尽くし
　　　　てきたと言えるのではないかと思います。しかし、大げさに騒ぎた
　　　　てるつもりはありませんが、当社の従業員について私はたいへん心
　　　　配しております。できるかぎり彼らの職を守らなければなりません。

ノ ー ス：田中さん、その点は十分わかっております。私の案は、御社の社員
　　　　も当社の社員も、公平に扱うものであると信じております。でも工
　　　　場はイギリスに立地するわけですから、従業員の大多数は当社から
　　　　出すのが自然です。

田 　中：それは承知しています。しかし、資金と技術の大部分は当社が提供
　　　　するのですから、私はトップ・マネジメントの6割は日本側から出
　　　　すことを提案してきました。これまでのところ御社はこの点に同意
　　　　することを避けてきましたが、そろそろ同意していただいてもよい
　　　　頃だと私は思います。

ノ ー ス：そうですね、あなたの提案をもう一度検討してみたいと思います。
　　　　まだトップ・マネジメントのポストの件について検討する時間は十
　　　　分ありますから。

田 　中：おことばですが、それには同意しかねます。 こちらの提案に対してお
　　　　答えいただくために十分すぎるほどの時間を差し上げました。しか
　　　　し、残念ながらこの点は、会談のたびにいつも振り出しに戻されて
　　　　しまいました。

ノ ー ス：田中さん、まだ解決すべき大きな問題が私たちには残っています。
　　　　当社は懸命に解決すべく努力しています。ところで、1年目の販売
　　　　割当の設定をまだ始めていませんね。

田 　中：ノースさん、ちょっとそれでは目的を見失うことになりますよ。交
　　　　渉のこの時点でトップ・マネジメントの数を決めなければなりませ
　　　　ん。なぜならそのことが、他の多くの業務に影響を及ぼすからです。
　　　　はっきり申しまして、私どもはこの60％という数字が非現実的な
　　　　ものだとは思っておりません。この点に同意することは、御社にと
　　　　って難しいことではないはずです。

ノ ー ス：じつを申しますと、この点では当社側の人数を増やす可能性を探り
　　　　たいのです。

田 　中：でもノースさん、これまでの交渉において、当社は極めて柔軟な対
　　　　処をしてきたことはご存知でしょう。しかしこの問題は当社にとり
　　　　ましてたいへん重要です。トップ・マネジメントの人数についてお
　　　　約束をいただけないうちは、残念ながら契約書にサインをすること
　　　　はできません。

ノ ー ス：わかりました。そういうことでしたら、この件を来週の最初の議題
　　　　にして解決することを約束いたします。

●optimum	最適の	●address	取り組む
●merger	合併	●ample	十分な
●to say the least	控えめに言う	●quotas	割当
●bulk	大部分	●lose sight of	見失う
●avoid	避ける	●objective	目的
●concur	同意する	●You have my word.	約束します。

POINT

煮え切らない相手には、断固とした態度で決断を迫る

　交渉では、相手が時間稼ぎのために大事な点で煮え切らない態度を取り続けることがあります。あるいは歩み寄りの姿勢をなかなか見せず、交渉が前進しない場合もあります。十分に時間をかけた、そして、ここで相手から明確な意思表示を得られなければその後の交渉に支障をきたすと判断した場合には、「もうそろそろ決断していただくべき時期です」、「現時点ではこうしてほしいのです」、あるいは「…するまでは交渉を進めることはできません」などと、断固とした態度を表明し、相手に決断を迫りましょう。

Useful Expressions

■Before agreeing to that, we would need ....
☞合意する前に、…する必要があります。

A : We plan to use our freight carriers for all shipments.

B : Before agreeing to that, we would need you to resolve all claims for damaged goods within 30 days after receipt.

A： 商品の発送はすべて当社の運送業者を使う計画です。

B： その件について合意する前に、当社としては、商品の損傷についてのすべてのクレームを、商品の受取りから30日以内に御社に解決していただく必要があります。

■I must have an answer from you on ... before I can ~.

☞～する前に、…に関してお答えをいただかなければなりません。

> I must have an answer from you on the quantity of graphics chips you intend to purchase before I can offer volume discounts.
> 数量割引を提示するに先立って、御社が購入をお考えのグラフィック・チップの数量についてお答えをいただかなければなりません。

■I'm afraid your ... is a stumbling block that prevents us from moving ahead.

☞申し上げにくいことですが、御社の…が交渉前進の障害になっています。

> This appears to be a major problem. I'm afraid your refusal to expand the sales territory is a stumbling block that prevents us from moving ahead.
> これは大きな問題だと思われます。申し上げにくいのですが、販売地域を拡大することに対する御社の拒否の姿勢が、交渉前進の障害となっています。

■If you can ..., we've got a deal.

☞…していただけるなら、話はまとまります。

> I received an impressive proposal from another company. If you can match their numbers, we've got a deal.
> 他社から素晴らしい提案をいただいています。もし御社が同様の数字を出していただけるなら、契約を締結しましょう。

■You must make it ....

☞…していただかなければなりません。

> We feel that your offer leaves a lot to be desired. You must make it more attractive.
> 御社の提案にはまだまだ物足りない部分があるように思います。もっと魅力的なものにしていただかなければなりません。

■We have to have a commitment from you on ....

☞…についてお約束をいただかなければなりません。

> I understand you are at production capacity, but we have to have a commitment from you by April 1st on 5,000 units.
> 御社が現在、生産能力いっぱいだということはわかります。でも5000個についてのお約束を、4月1日までにいただかなければなりません。

■In order to achieve successful negotiations, we require ....

☞交渉を成功せせるために、…を要求します。

> In order to achieve successful negotiations, we require all goods to conform to industry quality and performance standards.
> 交渉を成功させるために、当社としては商品がすべて業界の品質および性能基準に適合することを要求します。

■I'm afraid we can't proceed until ....

☞…までは、残念ながら先に進めません。

> The terms you're presenting are far from what we suggested. I'm afraid we can't proceed until you bring them in line with our plan.
> 御社が提示した条件は、私どもが提案したものとかけ離れています。当社案の線に戻していただくまでは、残念ですが先には進めません。

■At this point you've got to spell out exactly ....

☞ここで、…について明確に説明していただかなければなりません。

> At this point you've got to spell out exactly what new product lines and additional services you intend to develop.
> この時点で、御社がどのような商品と追加的なサービスを開発しようとしているのか、明らかにしていただく必要があります。

■You must know that everything hinges on .... What can you do about that?

☞すべて…にかかっていることはご存知のはずです。そのために何をしていただけますか。

> You must know that everything hinges on receiving all items no later than specified delivery dates. We cannot tolerate any delays. What can you do about that?
> すべてが規定の納入期日までに全商品を受領できるかどうかにかかっていることは、ご存知のはずです。いかなる遅れも認めることはできません。そのためにどんなことをしていただけますか。

16 知らなかったと言う
Expressing ignorance

I was unaware of that.
それは知りませんでした。
I had no idea ....
…だとは思いませんでした。

Situation

韓国の医療機器メーカー社長のキム氏は最近、田中さんの会社から新製品を購入しました。ところが田中さんにキム氏から、製品に欠陥問題が発生したので、韓国の本社に至急来てほしいという依頼がありました。本来なら田中さんが先にそのような欠陥に気づいて顧客に知らせるべきなのですが、顧客から先に指摘されてしまいました。このようなケースでは、相手に、自分の能力に疑問を持たれないようにしながら、事情を知らなかった旨伝えなければなりません。もちろん、あまり弁解がましく響かないようにする注意が必要です。また自社の誰かを悪者にして、その人を非難するような発言も禁物です。やはり素直に、知らなかったことは「知らなかった」と言うのがベストです。

交渉例

Track **16**

Kim: Hello Mr. Tanaka. Thank you for your quick response to my request. Recently we've received complaints from some of our customers concerning the lasers in the power booster amplifiers of the SX-9000.

Tanaka: That surprises me. **I was unaware of that** until I read your fax yesterday. Tell me, when did you first hear about this problem?

Kim: Two weeks ago. This has created a big headache for one of our leading clients. They never expected this to happen. Due to the nature of their work, they cannot afford downtime because of faulty equipment.

Tanaka: I certainly understand their situation. This also reflects negatively on the reputation of our company, and, I assure you, we will do everything necessary to maintain our high standards of quality. Nonetheless, I am sure we can solve this problem very quickly.

Kim: It may not be as easy as you think. Within the past 10 days eight other customers have indicated similar problems with the lasers in their products.

Tanaka: Really? **I had no idea that** the problem was so widespread. I can't understand how this could happen, since our products are thoroughly tested before they are put on the market. Let me assure you, however, that we are working with our production people to correct the defect.

Kim: While we appreciate your effort, we must inform you that we intend to take legal action against your company if this should happen again.

Tanaka: Mr. Kim, I know you are very upset over this, and so are we. It should never have happened. We are taking immediate action, and we will correct this error to your satisfaction. You need not take any drastic measures.

キ　ム：こんにちは、田中さん。私のお願いにさっそくお応えいただきありがとうございます。最近お客様からＳＸ-９０００のパワーアンプのレーザー装置に関して苦情を受けております。

田　中：それには驚きました。昨日ファクスを拝見するまで知りませんでした。この問題について最初にお知りになったのはいつですか。

キ　ム：２週間前です。当社の大事なお客様にとって、大きな頭痛の種になっているのです。その会社では、このようなことが起こるとは予想もしていませんでした。業務の性質上、装置の不備のために操業を中断するわけにはいかないのです。

田　中：事情はよくわかります。これは当社の評判にもかかわることですから、高いレベルの品質基準を守るために必要なことはすべて間違いなくやります。この問題はすぐに解決できると確信しています。

キ　ム：あなたがお考えになっているほど簡単ではないかもしれませんよ。この１０日間に、他の８社のお客さまが、レーザー装置に関して同様の問題を指摘しています。

田　中：本当ですか。この問題がそんなに広がっているとは思いませんでした。当社の製品は出荷前に徹底的にチェックしていますので、どうしてこのようなトラブルが発生するのかわかりません。しかし、この欠陥を改良するために、われわれは製造部門の人間と一緒に目下努力しているところです。

キ　ム：あなたの努力には感謝しますが、また同じことが起きるようでしたら、法的な措置をとる考えのあることをお知らせしなければなりません。

田　中：キムさん、この件では、たいへんご不満でご心配のことと思います。その点は私どもも同様です。起きてはならないことでした。私どもはただちに行動を起こしています。御社のご満足のいくようにこの誤りを正しますので、御社が思い切った手段を取る必要はございません。

Vocabulary Notes

●response	返答、反応	●reputation	評判
●complaints	苦情	●assure	断言する、保証する
●laser	レーザー装置	●nonetheless	それにもかかわらず
●leading client	主要顧客	●indicate	述べる、ほのめかす
●afford ...	…することができる	●widespread	
●downtime	中断時間、休止時間		広範囲に及ぶ、広がった
●faulty	欠陥のある	●defect	欠点、欠陥
●roflect		●legal action	法的措置
（不名誉などを）もたらす、招く		●to your satisfaction	
●negatively			ご満足のいくように
後ろ向きに、ネガティブに		●drastic measures	抜本策

POINT

「知らなかった」ことを伝えるときは 誠実な対応が必要

　知らないことを「知らない」と言うのは、なかなか難しいことです。うまく言わないと、相手に「こんな大事なことを知らないのか」とこちらの能力を疑われたり、社内の連絡体制に疑問を持たれかねません。また自分を弁護するような言い方をしたり、卑屈な態度をとると、交渉相手に疑いの目で見られます。やはり誠実な対応が必要ですが、いつも "I didn't know that." では能がありません。状況によっていろいろな表現を使い分けられるようにしたいものです。

Useful Expressions

■Is that so?

☞そうなのですか。

　A : We'd like to finish by this afternoon.

　B : Is that so? I thought we would continue tomorrow.

　A : 今日の午後までには終わらせたいですね。

　B : そうなのですか。明日も続けると思っていました。

■I don't recall hearing that before.

☞そのようなことを聞いた覚えはないのですが。

　A : In addition, your company will be providing us with a list of client references.

　B : I'm sorry, but I don't recall hearing that before.

　A : それからほかに、当社に顧客の照会先リストをご提供くださることになっています。

　B : さあ、そのようなお話を聞いた覚えはありませんが。

■Oh, really?

☞え、本当ですか。

A : And the good news is the one of our rivals is facing the possibility of bankruptcy.

B : Oh, really? That will give us a larger share of the market.

A : それで、よいニュースというのは、ライバル社が倒産するかもしれないということです。

B : おや、本当ですか。そうすると当社のマーケットシェアが相当増えますね。

■That's news to me.

☞それは初耳です。

A : It appears that you're not sticking to the terms of the contract.

B : That's news to me. Could you tell me exactly what item you are referring to?

A : 御社は、契約の条件を守られていないように思えます。

B : それは初耳です。どの項目についてなのか正確におっしゃっていただけますか。

■I believe this is the first time ... was mentioned.

☞…について言及されるのは初めてだと思います。

A : So, with your company handling the patent issue, our product will be protected.

B : I believe this is the first time patent responsibilities were mentioned.

A : それでは、御社が特許問題を扱ってくださるので、当社の製品は保護されるわけですね。

B : 特許に関する責任問題について言及されたのは、これが初めてだと思いますが。

■When was this decided?

☞それはいつ決まったのですか。

A : Remember, if a case arises where you must pay product liability compensation, we will reimburse you 10% of the total cost.

B : Excuse me, but when was this decided?

A : もし製造物責任で御社が補償を支払うようなことになった場合には、当社は全費用の10％を御社に払い戻すことを覚えておいてください。

B : あのぅ、それはいつ決まったのですか。

■I can't say I remember ....

☞…を思い出せません。

A : So, with your providing us with all the necessary training for the first six months, there should be no problem in the initial operation of the system.

B : I can't say I remember stating that training would last six months.

A : それでは、最初の6カ月間は御社が必要な研修をすべてやっていただけるので、システムの当初の操業については何の問題もないわけですね。

B : 研修が6カ月続くと言ったことは、思い出せないのですが。

■I had no knowledge of ....

☞…は存じ上げません。

A : You were supposed to have included that information with the layout design which you sent.

B : I had no knowledge of that request.

A : 送っていただいた配置図のデザインの中に、その情報も入れていただくはずでしたよね。

B : そのような依頼は存じ上げませんが。

■Have I missed something?

☞私が聞き逃したのでしょうか。

A : We're quite pleased that you're providing an extended warranty at no additional cost.

B : Have I missed something? We did discuss the warranty, but I don't believe a free extended warranty was mentioned.

A : 御社が長期の保証を無償で提供してくださるので、たいへん喜んでおります。

B : 私は何か、聞き漏らしたのでしょうか。確かに保証の話はしましたが、無償の長期保証の話は出なかったと思います。

■Tell me you're kidding.

☞ご冗談ですよね。

A : The payment terms in the contract do not seem to be the same ones we discussed last week.

B : Tell me you're kidding. They were given to the secretary directly from my notes.

A：契約の中の支払条件は、先週話し合ったものとは違うようです。
B：ご冗談ですよね。それは私のメモから直接秘書に渡したものですよ。

☕ Coffee Break　メモと確認のすすめ

アメリカの債券市場ディーラーと電話で仕事をしていたときのことです。その日の午前11時のある債券の利回りが、その仕事にとって重要な情報でした。"Seven and eight over fifteen percent."（7と15分の8パーセント）という早口の英語を必死にメモし復唱しました。"That's correct."という返事でした。債券ディーラーは忙しいらしく、彼は終始たいへんな早口です。次いで関係銀行の担当者に安全のため数字を確認しました。彼女のノーマルスピードの英語にほっとしたものです。数日後、確認のレターを債券ディーラーに送ったところ、そんな数字は言っていない、正しい数字はこうだ、あなたの聞き間違いだという電話が来ました。金利の差を計算したところ、何万ドルという損が発生します。あわてて関係銀行の担当者に電話をしましたが、休暇中で2週間は帰ってこないとのこと。その間、英語が母国語ではない悲しさで、もしかすると聞き間違えたのではないかと不安になりました。しかしちゃんとメモを取り、復唱もし、銀行の人にも確認したのだからと、自分に言い聞かせました。幸い休暇から戻った銀行の担当者が、私が正しかったことを証明してくれ、事なきを得ました。英語の交渉にはメモと確認は欠かせないようです。

17 相手の矛盾をつく
Identifying a contradiction

> **These are not the same ... on which we agreed.**
> われわれが合意した…と同じものではありません。
>
> **This ... contradicts your earlier proposal.**
> この…は以前のご提案と矛盾します。

Situation

田中さんは、ここ6週間にわたり、大手精密機械製造会社Precision-tech社の購買部長であるバーカー氏と交渉中です。バーカー氏は、田中さんの会社から通信システムを購入することに関心があります。両者は数週間前に基本契約書のドラフトを作成し、現在それを完成させるべく努力中です。バーカー氏が提示した最終案の中に、当初のドラフトとは異なる点があり、田中さんは理解に苦しんでいます。バーカー氏の意図を見抜き、両サイドの意図を反映した契約書にするために、田中さんは矛盾点を指摘する必要を感じています。

交渉例

Track **17**

Tanaka: It's nice to see you again, Mr. Barker. Hopefully today we will be able to formalize the preliminary contract which we've been working on. But before we do that, I am concerned about two points in your most recent fax.

Barker: Yes, we are aiming for the most efficient OS available for the purchasing price we discussed earlier.

Tanaka: I completely understand. However, **these are not the same units on which we agreed**. There are different kinds of platforms on the market, and using the components you're suggesting here may cause some problems. By contrast, with my system design, cross-platform file compatibility is no longer an issue.

Barker: True, but we are worried about having to replace all the computers we are presently using. To our way of thinking, this is not very cost effective.

Tanaka: I can assure you, Mr. Barker, that we intend to link certain components to our new system. I thought I made that point clear in our last meeting.

Barker: Well, I have not been able to convince our chief executives about that. They wouldn't mind hearing more about your system. They would especially be interested in ways to interface the two systems.

Tanaka: I'd be very happy to discuss any doubts they might have. I could meet your entire team at your earliest convenience.

Barker: Great! I'll fax you tomorrow with some dates and times.

Tanaka: Good. Now there's another point I need to clear up. Let's look at the clause concerning modems. In your latest correspondence, you said you wanted to use locally manufactured modems. Yet previously you also emphasized an upgrade to your voice mail system. **This** change in modems **contradicts your earlier proposal.**

Barker: I don't really think it does. We can improve our voice mail system while using locally made modems.

Tanaka: Of course you can, but it will be more costly in the end. Our state-of-the-art modems feature speakerphone support and come with pre-installed voice mail software. I'm sure you'll agree that this is more economical than what you're proposing.

田　　中：お元気ですか、バーカーさん。できましたら今日はこれまで作業し
　　　　　てきた契約案をまとめあげたいですね。でもその前に、最近いただ
　　　　　いたファクスにあった2つの点が気になっています。

バーカー：ええ、前にお話しした価格で買える最も効率のよいオペレーティン
　　　　　グ・システムがほしいのです。

田　　中：とてもよくわかります。しかしそれらの装置は、私たちが合意に達
　　　　　したものとは違います。市場には各種のプラットフォームが出回っ
　　　　　ていますので、あなたがここで提案されている部品は問題を引き起
　　　　　こすかもしれません。これに対して、私のシステム・デザインでは、
　　　　　異なるプラットフォーム間でのファイルの互換性は問題にはなりま
　　　　　せん。

バーカー：そのとおりですが、現在使用中のコンピュータをすべて取り替えな
　　　　　ければならなくなることを心配しているのです。私たちの考えでは、
　　　　　それでは費用効果がよいとは言えません。

田　　中：バーカーさん、いくつかの部品は間違いなく新しいシステムにつな
　　　　　ぐつもりです。この点については前回の会議で明確にしたと思いま
　　　　　すが。

バーカー：しかし、うちのトップにその点を納得させることはできなかったの
　　　　　です。トップたちは御社のシステムについてもっと聞きたがってい
　　　　　ます。特に2つのシステムを連結する方法について興味を持ってい
　　　　　ます。

田　　中：疑問点についてはよろこんでお話しいたします。ご都合さえよろし
　　　　　ければすぐにでも皆さんにお話ししましょう。

バーカー：それは素晴らしい。日時については明日ファクスします。

田　　中：結構です。さて、はっきりさせたいことがもう1点あります。モデ
　　　　　ムに関する条項をご覧ください。最新のファクスでは、現地生産の
　　　　　モデムを使いたいとおしゃっていますが、以前は御社のボイスメー
　　　　　ル・システムを改良することを強調されていました。このモデムの
　　　　　変更は、以前のご提案と矛盾します。

バーカー：矛盾しないと思いますよ。現地生産のモデムを使いながら、当社の
　　　　　ボイスメール・システムを改良することが可能です。

田　　中：もちろん可能ですが、結局はより高いものにつきます。当社の最新式
　　　　　のモデムは、スピーカーホンをサポートし、またボイスメール・ソフ
　　　　　トが組み込まれています。あなたがご提案になっているものよりも経
　　　　　済的であることに、きっとご同意いただけるものと思いますが。

Vocabulary Notes

●hopefully
　　　　　願わくば、できることなら
●formalize　　　　　まとめ上げる
●preliminary　　　　　予備的な
●OS
　　　オペレーティング・システム、
　　　　　　　　　　　　　オーエス
●platform　　　プラットフォーム
　　　　（特定のハードウェア環境）
●compatibility　　　　　互換性
●issue　　　争点、論点、問題点
●cost effective
　　費用効率の高い、費用効果的な
●link　　　　　　　　　連結する
●modem　　　　　　　　モデム

●convince　　　　　　納得させる
●interface
　　調和作動させる、つなぎ合わせる
●previously　　　　　　　前に
●emphasize　　　　　強調する
●upgrade
　　　品質を高める、等級を上げる、
　　　　　　　　　　　　改良する
●voice mail
　　　ボイスメール、音声メール
●contradict　　　　　　矛盾する
●in the end　　　　　　最後に
●pre-installed
　　前もってインストールされた、
　　　　　インストール済みの

POINT

相手が以前の合意と矛盾する発言をしたときには、速やかに、はっきりと矛盾点を指摘する

　交渉相手が以前に合意していたことと矛盾する発言をすることがあります。それは、意図的かどうかにかかわらず、多くの場合より有利に交渉を進めようとする相手の意識からくるものです。そのような場合は速やかにその点を指摘し、交渉の主導権を取り戻さなければなりません。そのためには、あまり回りくどい言い方をするより、ここで紹介するような直接的な表現を使って、はっきりと指摘するようにします。しかし、状況にもよりますが、基本的には、声の調子や表情に気をつけて、穏やかに相手の矛盾点を指摘するのが効果的な方法です。

Useful Expressions

■This goes against what you said earlier.

☞それは以前おっしゃったことと矛盾します。

> Are you implying that you can double your production capacity? This goes against what you said earlier.
> 生産力を倍増できるという意味ですか。それは以前おっしゃったことと矛盾します。

■I think it defeats the purpose of ....

☞それは…という目的に反すると思います。

> I understand your wanting to cut corners; however, I think it defeats the purpose of improving product quality.
> 手っ取り早く片づけたいというお気持ちはわかりますが、そうすると製品の品質を高めるという目的に反します。

■I have to disagree with your reasoning here.

☞この点では、あなたの論理についていけません。

> I have to disagree with your reasoning here. Importing from three different companies will not give you the uniformity you're looking for.
> この点では、御社の論理についていけません。異なる3つの会社から輸入すると、御社の求めている均一性が得られなくなります。

■This doesn't support the objective of ....

☞これは…という目的にかなったものではありません。

> Do you really want to slash the R&D budget? This doesn't support the objective of developing superior products.
> 研究開発費を本当に削りたいのですか。高品質な製品の開発という目的に合いませんよ。

■Frankly, you gain no benefit from ....

☞率直に言って、…から得られるものはありません。

> It's understandable that you want to preserve the finish of these goods. Frankly, you gain no benefit from laminating the plastic surfaces.

商品の仕上げの状態を保ちたいというお気持ちはわかります。でも率直に言って、プラスチックの表面をラミネート加工してもよいことは何もありませんよ。

■This clearly refutes your original intent to ....

☞これはあなたの…という当初の意図に明らかに反します。

I see that you'd like to add a step to the production process. This clearly refutes your original intent to cut production time in half.
製造工程にもう1段階加えたいということですね。でもそれは製造期間を半分に短縮するという御社の当初の意図に明らかに反するものです。

■... and ~ are a contradiction of terms.

☞…と〜は名辞矛盾です。

"Lifetime employment" and "restructuring" are a contradiction of terms.
「終身雇用」と「リストラ」は名辞矛盾です。

■I can't help feeling that ... is in direct opposition to ~.

☞…は〜と正反対のものだと思わざるをえません。

I can't help feeling that your recent changes are in direct opposition to protection from infringement on the licensed patents.
最近の御社側からの変更は、ライセンス供与した特許の保護とは真っ向から対立するものだと思わざるをえません。

■... does not follow the same line of reasoning as ~.

☞…は〜という論理に反します。

Allowing some items to be manufactured by outside firms does not follow the same line of reasoning as your original proposal to give us all production rights.
いくつかの品目の製造許可を外部業者に与えることは、すべての製造権を当社に与えるという、当初の御社提案の趣旨に反します。

> **It appears to me that you are ....**
> あなたが…であるように私には思えます。
>
> **In all honesty, I do not think you are being fair with us.**
> 正直なところ、われわれに対し公正だとは思えません。

Situation

田中さんは、コンピュータチップ製造会社の販売部長であるヨハンセン氏と、チップの購入について交渉しています。2カ月前にも田中さんはヨハンセン氏の会社からチップを買いましたが、今回は、同様のチップの価格が引き上げられています。この2種のチップの性能にはほとんど差がありません。田中さんは、この値上げの正当性にかなり疑問を持っています。他の大手チップ製造業者が操業閉鎖になったことにつけ込んだ便乗値上げではないかと疑っています。田中さんはかなりアタマにきていますが、感情を抑えておだやかに相手を非難し、そうすることにより交渉を有利に進めたいと考えています。

交渉例

Track **18**

Tanaka: We've noticed that the price on these new computer chips has jumped considerably from the previous ones we've recently purchased.

Johannsen: Yes, but please understand that our product line has expanded so that we may serve you better. As we have shown you, we now make communication chips for cellular phones, modems, and digital cameras as well as

Tanaka: That's quite impressive; however, **it appears to me that you are** seeking a very large price hike for a product which has hardly changed.

Johannsen: That's not true, Mr. Tanaka. These are not the same items which you bought last time. Furthermore, I don't think you're aware of our latest plans to split our company in two in order to make this, our most promising unit, independent. You see, the move will not only provide shareholders with better value, but it will also improve our competitiveness.

Tanaka: While all that "sounds good", the bottom line for us is having to deal with an unrealistic price increase. **In all honesty, I do not think you're being fair with us.** Furthermore, it appears to me that you are taking advantage of the recent closure of two other major chip suppliers in order to justify the price mark-up.

Johannsen: Now Mr. Tanaka, there is no need for such accusations. Let's have a cup of coffee and we'll take as much time as is necessary to address your concerns.

田 中: ついこの間購入したものとくらべて、新しいチップはかなり値段が上がりましたね。

ヨハンセン: ええ、でも当社はよりよいサービスを提供するために製品ラインを拡大しました。このことをどうかご理解ください。ご覧に入れましたように、当社は現在、携帯電話、モデム、デジタルカメラ用のコミュニケーション・チップと、コンピュータ・ネットワーキング用の装置を製造しております。

田 中: それは素晴らしいですね。しかし私には、御社がほとんど変更のない製品について、かなり大幅な値上げをしようとしているように思えます。

ヨハンセン: それは違います、田中さん。これらの製品は御社が前回お買いになったものと同じではありません。さらに、ご存知ないかと思いますが、当社ではこの最も将来性のある部門を独立させるために会社を

２つに分けることを現在計画中です。おわかりのように、それは株主に利益をもたらすだけではなく、当社の競争力を高めます。

田　中：みなたいへん結構なことですが、当社にとって重要なのは非現実的な価格上昇に対処しなければならないということです。正直なところ、御社はフェアであるとは思えません。さらに、値上げを正当化するために、大手チップ供給業者2社の閉鎖を利用しているように思えます。

ヨハンセン：まあまあ、田中さん。そのように非難なさることはありません。まずコーヒーでも飲んで、ご懸念の点について時間をかけてじっくりと検討しましょう。

Vocabulary Notes

●jump	急騰する	●promising	前途有望な、見込みのある
●considerably	相当に、著しく	●shareholder	株主
●expand	拡大する、拡張する	●competitiveness	競争力
●cellular phone	移動電話、携帯電話	●bottom line	最も重要なこと
●modem	モデム	●unrealistic	非現実的な
●digital camera	デジタルカメラ、デジカメ	●in all honesty	正直なところ
●impressive	強い印象を与える、見事な	●closure	閉鎖
●price hike	価格引き上げ、値上げ	●justify	正当化する
●furthermore	その上、さらに	●mark-up	値上げ分
		●accusation	非難
		●address	検討する、取り組む

POINT

感情を抑えて、おだやかに非難するのが効果的

　相手が理不尽な要求をしてきた場合、何も反撃しなければ交渉の主導権を奪われてしまいます。交渉では、必要に応じて相手を非難しなければなりません。そのような場合、よく外国の人は、口調を荒げたり、大きなジェスチャーを交えたり、机を叩いたりして相手を非難することがあります。そして交渉が終わると、まるで何事もなかったかのように親しげに振る舞ったりします。日本人には不思議な光景に映りますが、これは、彼らが交渉を一種のゲームと考え、そのような駆け引きをしているからなのです。

　　しかし外国語である英語で交渉しなければならず、また文化的な背景も違う日本人にそのような真似はなかなかできません。下手に真似をするとつい感情的になってしまって交渉決裂という事態も考えられます。相手が理不尽なことを言い出しても、むしろ相手はゲームをしているのだと考えて、感情を荒立てず冷静な態度で臨みましょう。ここで紹介しているような表現を使って、礼儀正しく、しかし断固として非難すべきは非難するようにしてください。

Useful Expressions

■... does not reflect what we agreed to earlier.

☞…は、以前の合意を反映していません。

> This additional requirement does not reflect what we agreed to earlier.
> この追加要求は、以前合意した点を反映していません。

■We've noticed a sudden change in ....

☞…が急に変わったように思われますが。

> We've noticed a sudden change in your attitude, which makes us wonder if you really want to pursue this partnership.
> 御社の態度が急変しましたが、そのようなことでは、御社がこの提携に本気なのかどうか疑問に思ってしまいます。

■We don't feel your ... is / are realistic.

☞御社の…は現実的だとは思えません。

> We've examined the sales quotas you've given us, but we don't feel your projections are realistic.
> 御社からいただいた販売割当を検討しましたが、御社の予測は現実的だとは思えません。

■... leads me to believe you are not negotiating in good faith.

☞…から判断すると、あなたが誠意を持って交渉に臨んでいるとは信じられなくなります。

Suddenly changing the quality control requirements leads me to believe you are not negotiating in good faith.

品質管理要件を突然変更なさいますと、御社が誠意を持って交渉に臨まれているとは信じられなくなります。

■There is a discrepancy in your ....

☞あなたの…には食い違いがあります。

There is a discrepancy in your explanation. You're claiming that your new product performs the same functions as Model AV-4983. We have found that the two are not equal.

御社の説明には食い違いがあります。御社の新製品は型番AV-4983と同じ機能を有すると主張されますが、当社が確認したところ、この2つは同じではありません。

■I would have to say that ....

☞…だと言わざるをえません。

I would have to say that your training plan was not designed to meet our needs.

御社の研修計画は、当社の要求を満たすものではないと言わざるをえません。

■This is a clear case of ....

☞これは明らかな…のケースです。

While we are in agreement on equipment price, we find the cost for replacement parts extremely high. This is a clear case of price gouging.

装置の価格には同意いたしますが、交換部品は極端に高価です。これは明らかに不当な価格のつり上げです。

■In all fairness, how can you ...?

☞公平に見て、なぜ…できるのですか。

You have agreed to a 40% stake in the merger, yet you want to use your company name. In all fairness, how can you justify that as a reasonable request?

御社は、合併会社の40％の権利を有することに合意されました。それにもかかわらず御社の社名を使いたいとおっしゃいます。公平に見て、それが正当な要求であるとする根拠は何ですか。

■This is a clear indication that you're suddenly changing the rules of the game.

☞これは、あなたが突然ゲームのルールを変えようとしている明らかな証拠です。

Let's look at the Agreement Termination clause. In our initial discussions, we agreed that either party could terminate. Now you're saying your company has the sole right to terminate. This is a clear indication that you're suddenly changing the rules of the game.

契約解除条項を見てみましょう。当初の話し合いでは、当事者双方が契約を終了させることができることで合意しました。今、御社が解除に関する唯一の権利を持つとおっしゃっています。これは御社が、この契約交渉のやり方を突然変えようとしていることの明らかな証拠です。

数字は練習次第

交渉では数字が飛び交うことがしばしばです。しかし日本語と英語では位取りが違うので、慣れていないと聞き違えることがあります。three hundred forty-two million dollarsと聞けば、瞬時に3億4千万ドルくらいの話だなと、反応できなければいけません。メモを取るときも、three hundred forty-two million nine hundred twenty-eight thousand five hundred and sixty-seven dollarsという数字なら、まずthree hundred forty-twoでは342と書き、そのあとがmillionなのであとにカンマを打ちます。次にnine hundred twenty-eightと聞こえてくれば928と続け、そのあとがthousandなのでまたカンマ。そしてfive hundred and sixty-seven dollarsと聞いて567と書きます。これで342,928,567ドルとメモが取れ、必要に応じて相手に確かめます。

このような作業は、普段からの練習が大切です。仕事で出てきそうなさまざまな数字をノートに書き、それを反射的に英語で音読できるようにしておきます。うまくできるようになれば、今度はそれをテープに録音し、正確に書き取れるようになるまで練習します。何事も、上達には練習が肝心です。

118

19 非難に対処する
Coping with an accusation

> ### It is not our intent to ....
> …するのはわれわれの意図ではありません。
>
> ### Contrary to your accusation, we feel that ....
> あなたの批判とは逆に、…だと思っています。

田中さんは、大手製薬会社のコール氏と産業用ロボットの販売交渉をしています。コール氏の会社は、工場で使う特殊なロボットを田中さんの会社から買い付けたいと思っていますが、価格が高すぎると思っているようです。このことがネックとなり、交渉がなかなか前に進まず、コール氏はいらだっています。交渉の途中で、突然コール氏は田中さんを非難しはじめました。ここで感情的な言い合いになってしまっては、これまでの努力が無駄になってしまいます。田中さんは、相手の圧力に屈することなく交渉を進展させるために、冷静に自社の立場を説明することにしました。

交渉例

Track **19**

Kohl: Honestly, I feel like I'm constantly repeating myself. As I told you before, Mr. Tanaka, we are interested in these robots, but I find them to be far too expensive.

Tanaka: It may appear to you that they are expensive, but I can honestly say that our prices are very competitive. We wouldn't be able to stay in business if they weren't.

Kohl: Actually, we've looked into other companies, and there are a few who sell similar robots cheaper than you do.

Tanaka: But isn't that always the case in business? As you know, it's important to consider quality when you consider price.

Kohl: Absolutely! But not at this ridiculous price! Well, there's no use running in circles. In order for us to purchase your equipment, we would have to have a discount. I know you are not giving me your best price.

Tanaka: **It is not our intent to** take advantage of you, Mr. Kohl. We've already set our price at a competitive level. Perhaps a discount would be possible if your company agrees to pay for installation costs.

Kohl: There you go, trying to get more money out of us! These negotiations are very upsetting. You haven't shown any flexibility whatsoever, and that has got to change in order for us to do business with you.

Tanaka: **Contrary to your accusation, we feel that** we have provided some positive options to the problems we've previously encountered. I am willing to discount the price, but I need you to make a small compromise so that you will have a robotics system which you will be proud of. Now here's how that can be accomplished .....

コール：正直申し上げて、私は同じことを繰り返し言い続けているような気がします。田中さん、前にも申し上げたように、当社は御社のロボットに関心を持っています。しかし高すぎるのです。

田　中：あなたは高いと思われるかもしれませんが、正直に申し上げて私どもの価格はたいへん競争的です。もしそうでなければ、商売を続けることはできません。

コール：じつは、他社を調べてみましたところ、いくつかの業者が同様のロボットを御社より低い価格で販売しています。

田　中：でもそれは商売の常ではないですか。ご存知のように価格を検討するときには、品質も考慮に入れることが重要です。

コール：もちろんです！ でもこんなばかげた値段では、そんなことは言えませんよ！ しかし堂々巡りをしていても仕方がありません。御社から製品を買うためには、値引きをしていただく必要があります。御社が最低価格を提示していただいていないことはわかっています。

田　中：御社につけ込もうなんていう意図はありませんよ、コールさん。私どもはすでに競争的な価格を設定しました。もし御社が設置費用を払うことに同意してくださるなら、おそらく値引きが可能です。

コール：ほら、またお金をとろうとするじゃないですか。この交渉は非常にいらいらします。あなたはこれまで、柔軟な態度をまったく示していません。その点を変えていただかないと、御社とは取引できません。

田　中：あなたのご批判とは逆に、これまで遭遇した問題に対して当社は建設的な解決案を提供してまいりました。よろこんで値引きをしたいのですが、それには御社にも小さな妥協をお願いしたいのです。そうすれば、御社は誇れるロボット・システムを手にすることができます。それにはこうすればよいのです…。

Vocabulary Notes

●constantly	常に	●installation cost	設置費用
●competitive		●There you go.	
	競争的な、他と張り合える		ほらまたやっている。
●case	実情		ほらまたしでかした。
●Absolutely!		●upsetting	動揺させるような
	そのとおり。もちろん。	●flexibility	柔軟性
●ridiculous	ばかげた	●do business with ...	
●run in circles	堂々巡りをする		…と取引する
●intent	意図	●contrary to ...	…と反対の
●take advantage of ...		●encounter	遭遇する、出合う
	…につけこむ	●compromise	妥協

POINT

相手の非難には
プロフェッショナルな対応を

　相手から非難を受けると、思わず感情的に反発したくなることがあります。また逆に、一方的に守勢に回ると、交渉の主導権を相手に奪われてしまいます。いずれの対応も、交渉によい結果をもたらしません。相手が非難をしはじめたら、まずその内容をよく聞き、それが正当なものなのか、それとも誤解に基づくものなのか、あるいは主導権を取るためのハッタリなのかを判断します。正当な非難であれば誠意を持って対処し、また誤解に基づくものであれば、冷静に、礼儀正しく誤解を解く努力をします。相手のハッタリに対しては、「そのようなことをおっしゃるとは驚きました」といった程度のことを言って、けん制します。いずれにしても、感情的にならないように気をつけて、プロフェッショナルな対応を心がけましょう。

Useful Expressions

■You say you are not happy with .... However, allow me to explain my company's ~.

☞ …にご不満だとおっしゃっていましたが、当社の～について説明させてください。

You say you are not happy with the sales quota. However, allow me to explain my company's position on this.

販売割当にご不満とおっしゃいますが、この件に関する当社の立場を説明させてください。

■Honestly speaking, I can show you that what you're saying is not true.

☞率直に申し上げて、それは正しくありません。

> It's clear you feel our data service is unnecessary. Honestly speaking, I can show you that what you're saying is not true. This service will enable people working outside their offices to access data in their company computers through our portable computer terminals.
> 当社のデータサービスが不必要とお考えですね。率直に申し上げて、それは違います。このサービスは、外出中の社員が携帯端末から会社のコンピュータ内のデータにアクセスできるというものです。

■I'm surprised that you feel that way about our company.

☞当社について、そのようにお考えになっているとは驚きました。

> I'm surprised that you feel that way about our company. In fact, Mr. Aoki, our new CEO, is firmly committed to decentralization.
> 当社について、そのようにお考えになっているとは驚きました。実際のところは、当社の新しい最高経営責任者の青木は、権限の集中を回避するという固い決意を持っております。

■I'd say that's an unfair assessment of ....

☞それは…に対する不当な評価と言えるでしょう。

> I'd say that's an unfair assessment of our proposal. We are more than willing to consider any new approach.
> それは当社の提案に対する不公平な評価と申せましょう。当社は、新しい方法をよろこんで考慮します。

■If you'll allow me to elaborate on this point, you'll see that your accusation is unwarranted.

☞もしこの点について詳しく説明させていただければ、あなたの非難が正当なものではないことをおわかりいただけるでしょう。

> You're saying that we are in violation of copyright laws. If you'll allow me to elaborate on this point, you'll see that your accusation is unwarranted.
> 当社が著作権法に違反していると言われますが、この点について私に詳しく説明させていただければ、御社の非難が不当であることがおわかりいただけるでしょう。

■I think if you consider the long-range benefits, you'll see that ....

☞長期的な利益を考慮していただければ、…だということがおわかりいただけると思います。

So, you feel that we have unfairly burdened you with excessive start-up costs. Well, I think if you consider the long-range benefits, you'll see that your return on this joint venture will be quite high.

それでは、過大な新事業開設費が御社に不公平な負担をかけているとお考えなのですね。ですが長期的な利益を考えていただければ、この合弁事業から得られる収益が極めて高いものだということがおわかりいただけると思います。

■I must take exception to that accusation, simply because it is an inaccurate assessment of ....

☞私としては、その非難には異議を唱えなければなりません。と言うのは、それは…に関する不正確な評価だからです。

While you have a right to your opinion, I must take exception to that accusation, simply because it is an inaccurate assessment of customer support. My company ensures total availability for pre-and after-sales support and customer care.

ご自分の意見をおっしゃるのは自由ですが、私としては、その非難に異議を唱えなければなりません。と言いますのは、カスタマーサポートを正確に評価なさっていないからです。当社は、販売前・販売後のサポートおよび顧客サービスの完全実施を行っています。

■Rather than taking your comment as a personal attack, I'll deal with it professionally.

☞あなたの発言は私に対する個人的な攻撃ではなく、職業上のものとして対処させていただきます。

Rather than taking your comment as a personal attack, I'll deal with it professionally. I have incorporated all the essential information we discussed at our last meeting in this contract. I would never add something which was not agreed to.

あなたの発言を、私に対する個人的な非難としてではなく、職業上のものとして対処させていただきます。私は、この契約書に前回話し合いましたすべての重要事項を組み入れました。合意されなかったものを入れるようなことは絶対にありません。

> **Perhaps we should consider a short break at this time.**
> ここで、少し休憩をとるべきではないでしょうか。
> **Let's break now for about 15 minutes.**
> ここで15分間の休憩をとりましょう。

Situation

田中さんは通信システムの販売についてMega-Tech社の資材部長のウェークマン氏と交渉中です。交渉が始まってから2時間以上経ち、価格については、双方が満足できるレベルで合意しました。交渉が始まってかなり時間が経ったので、ウェークマン氏は休憩を提案します。しかし田中さんは、これまでいい調子で交渉の主導権を取ってきましたので、このまま次の議題である支払条件の話に移りたいところです。

交渉例

Track
20

Wakemann: .... That's a good point. I certainly agree with you, Mr. Tanaka. Well, that takes care of pricing.

Tanaka: Yes, and I'm very pleased with the agreement we've reached. I do appreciate your cooperation as well as your straightforwardness in all of our decisions.

Wakemann: And I feel the same way about you. I think we're progressing very nicely. **Perhaps we should consider a short break at this time.**

Tanaka: If you don't mind, I would prefer to continue for about 20 or 30 minutes. I feel that since we're on the topic of money, now is the time for us to start discussing payment terms.

Wakemann: That's fine with me, but I have some reservations about your original proposal of 30 days after the delivery date.

Tanaka: I thought you might. That's why I'll tell you that I'll offer to be more flexible over payment. I'm thinking that, if necessary, we can make it 60 days instead of 30.

Wakemann: I like that idea. Would there be any conditions attached to it?

Tanaka: No, other than the standard penalty clause for late payment.

Wakemann: I assume your talking about 10% for over 90 days.

Tanaka: Well, I have something else in mind, related to how many days you are late. Specifically, I'm thinking of an additional 1% for each day's delay.

Wakemann: I see. At any rate, I would like to run this point past our people in finance first. **Let's break now for about 15 minutes.**

Tanaka: Good idea. I need to stretch my legs. I'll take a walk to the company lounge.

ウェークマン：それはいいポイントです。まったく同感です、田中さん。これで値段の話は、片が付きました。

田　中：ええ、協定が合意できてとてもうれしく思います。決定に当たっくはいつも率直な発言とご協力をいただき感謝いたします。

ウェークマン：私こそ、同じように感謝しております。順調に話し合いが進んでいるようですので、ここで短い休憩をとるというのはいかがですか。

田　中：もしお差し支えなければ、もう2～30分続けたいと思います。お金の話をしていますので、支払条件に関する話を始めるには、今がちょうどよいタイミングだと思います。

ウェークマン：私はそれで結構です。しかしながら御社の納入日後30日払いという提案については懸念する点があります。

田　中：そうおっしゃると思っていました。ですので、より柔軟な提案ができることをお知らせしたいと思います。もし必要でしたら、30日

　　　　　ではなく６０日にすることができます。

ウェークマン：よい案だと思います。それにはどんな条件が付きますか。

田　　中：標準的な延滞罰則条項だけです。

ウェークマン：９０日を超えると１０％というものですね。

田　　中：いえ、それとは違うものを考えています。何日遅れたかによって決まるものです。具体的には、１日遅れると１％追加されるというものを考えています。

ウェークマン：なるほど。ともかくまず財務部の反応を聞かなければなりません。ここで１５分間休憩しましょう。

田　　中：結構ですね。足を伸ばしたいですよ。ラウンジまで散歩してきます。

Vocabulary Notes

- straightforwardness　　率直さ
- progress　　進む
- payment term　　支払条件
- have some reservations about ...
　　　　　…について懸念する点がある
- flexible　　柔軟な
- standard penalty clause
　　　　　標準的な罰則条項
- specifically　　具体的には
- run ... past 〜
　　　　　…を〜に見てもらって考えを聞く
- stretch one's legs　　足を伸ばす

POINT

休憩を戦略的に利用する

　疲れたときはもちろんですが、交渉当事者たちがお互いの主張を譲らず雰囲気が悪くなったときや、交渉が暗礁に乗り上げたときには、頭を冷やすために休憩をとることも大事なことです。ほどよいタイミングで休憩することを提案してみましょう。

　また、相手が休憩を提案してきても、いい話の流れを断ち切りたくないというようなときには、このスキットの例のように "If you don't mind, I would prefer to continue for about 20 or 30 minutes." などと、ていねいに断るようにしてください。

Useful Expressions

■May I suggest we take a break?

☞休憩をとってはどうでしょう。

> Well, that completes the third item on the agenda. May I suggest we take a break?
>
> さて、これで3番目の議題が終わりました。休憩をとりませんか。

■At this point, I'd like to recommend a short break.

☞ここでちょっと休憩をとることをお勧めします。

> That just about sums up our product line. Next, we'll take you down to the assembly line to see how our product is made. However, at this point, I'd like to recommend a short break.
>
> これでだいたい当社の取り扱う製品を説明いたしました。次に、どのように製品が製造されるのかご覧に入れるために、組み立てラインにご案内します。でも、ここで短い休憩をとることをお勧めしたいと思います。

■It might be a good idea to take a 15-minute break now.

☞ここで15分ほど休憩をとったほうがよいかもしれません。

> Thank you very much for your informative talk on industry trends in your country. It might be a good idea to take a 15-minute break now.
>
> 貴国の産業動向について有益なお話をいただき、たいへんありがとうございました。ここで15分間、休憩をとるのも悪くないですね。

■Wouldn't we all agree that a break is needed here?

☞ここで休憩をとることに、皆さん賛成していただけますよね。

> Before we get into quality assurance, wouldn't we all agree that a break is needed here?
>
> 品質保証の話に入る前に、休憩が必要だと、皆さん思いませんか。

128

■I'd like to propose that we break for lunch now.
☞ここで昼休みにすることを提案いたします。

Now, the next item is exclusive agency rights, which will take some time to discuss. Therefore, I'd like to propose that we break for lunch now.
次の議題は総代理店の権利についてですが、この議題は討議に時間がかかりそうです。ですので、ここで昼休みをとることを提案したいと思います。

■I think it's time for a break.
☞休憩をとる時間です。

I'm interested in hearing about your training proposal for our technical support staff. Gee, we've been at it for over 2 hours. I think it's time for a break.
当社の技術サポート担当者の研修に関しまして、御社の提案をお聞きしたいのです。おや、もう2時間以上も話していますね。休憩をとる時間です。

■I'm sure we could use a bit of fresh air. How about a short break?
☞新鮮な空気を吸うのもいいですね。少し休憩をとりませんか。

A : Excuse me, but I'm not following your explanation. I may not be thinking clearly due to jet lag, but it looks like I'll need specific figures on your discount structure.

B : Right. I'm sure we could use a bit of fresh air. How about a short break?

A : すみませんが、ご説明がよくわかりません。時差のため、私の頭がちゃんと働いていないのかもしれませんが、御社の割引の仕組みを理解するには具体的な数字が必要なようです。

B : そうですね。新鮮な空気を吸うのも悪くありません。ここで少し休みにしませんか。

■Now's the time to take a much needed break.
☞お待ちかねの休憩をとるのは今です。

OK, that finishes the consignment arrangement. We still have three other items to discuss. I'd say now's the time to take a much needed break.
さて、これで委託販売品の話が片付きました。話し合うべき項目があと3つ残っています。お待ちかねの休憩をとるのは、今だと思います。

21 問題を先送りにする
Deferring an answer

As soon as I talk to ..., I'll have an answer for you.
…と相談したらすぐにお答えします。

I'd like to talk more about that later, if I may.
できれば、その件については後ほど詳しくお話ししたいのですが。

Situation

田中さんは、医療器具製造業者のホワイト氏と交渉中です。ホワイト氏は新設する工場用の機械を田中さんの会社から購入することを検討中です。また新しい工場の操業をできるだけ早く始めたいと考えています。そのためホワイト氏は無理とも思える要求をしてきました。田中さんとしては、交渉を早く進めるためにすぐにでも答えたいところですが、残念ながら即答できる性質の問題ではありません。社内の関係部署と相談したり、いろいろな要素を考慮に入れ総合的に判断した上で答えなければなりません。このような場合は、相手の信頼を失わないようにことばを選びながら、時間を稼ぐ必要が出てきます。

交渉例

Track
21

White: Now that we've ironed out the product specifications, I'd like to discuss the time frame we're looking at to complete the entire process. As I've mentioned earlier, our new plant will open in 10 months, so we would want the equipment by then.

Tanaka: I hate to say it, but I think your deadline is a bit unrealistic. As we all know, the typical lead time from development of a hydraulic system prototype to mass production of the system is between 18 and 24 months.

White: Yes, but we told you at the start of negotiations that we are under severe time constraints. Now I need to know if it's possible to complete the work in 10 months.

Tanaka: Honestly, Mr. White, you're asking for a miracle. I can't say for sure if we can do it in such a short period of time. **As soon as I talk to** my people in manufacturing, **I'll have an answer for you.**

White: Can you tell me when you plan to meet with them?

Tanaka: I'm flying back tonight, so I'll make it a point to discuss this issue with them tomorrow. May I call you tomorrow afternoon with all the details?

White: By all means. Our plant operations date is not set in stone, so you may be able to have a little leeway on the 10-month deadline.

Tanaka: I see. Please understand that we will do everything possible to meet your request. This is an extremely ambitious schedule, but we are a very competitive company, as well as a flexible one.

White: That's good to know. Now let's turn to the warranty. We're looking for a 30-month warranty on all parts.

Tanaka: Hmm..... That may be difficult to obtain. We have never offered the kind of warranty you are looking for. Anyway, **I'd like to talk more about that later, if I may.** Can we briefly touch upon training for the technical staff for a few minutes?

ホワイト：製品仕様についての互いの相違点を解決しましたので、次は全工程を終えるのにかかる時間枠について話し合いたいと思います。先ほど申し上げましたように、当社の新工場は１０カ月後に操業を開始します。したがって、それまでに機械がほしいのです。

田　中：申し上げにくいのですが、御社の最終期限はちょっと非現実的です。ご存知のように水圧システムの試作品開発から大量生産までの一般的なリードタイムは１８カ月から２４カ月です。

ホワイト：ええ、しかし交渉の最初に申し上げましたように、当社には非常に厳しい時間の制約があるのです。ですので、１０カ月で完成させることが可能かどうか知りたいのです。

田　中：ホワイトさん、正直なところ、あなたは奇跡を求めておられます。そのような短期間で完成させることができるかどうか、確かなことは申し上げられません。製造部の担当者と相談し次第、お答えします。

ホワイト：いつ相談するつもりですか。

田　中：今晩飛んで帰って、明日相談します。細かい点について明日の午後お電話してよろしいですか。

ホワイト：ぜひそうしてください。工場の操業開始日は変更不可能というわけではありませんので、１０カ月という期限には若干の変更の余地があります。

田　中：わかりました。御社の要望にお応えするために、できるかぎりのことをいたしますので、どうぞご理解ください。これは極めて野心的なスケジュールです。しかし当社は柔軟かつ非常に競争力のある会社です。

ホワイト：それは素晴らしいですね。それでは保証の話に入りましょう。すべての部品に３０カ月の保証を求めたいと思います。

田　中：うーん。それは難しいでしょう。御社が求めるような保証をこれまで提供したことはありません。ともかく、できればあとで、詳しくその話をしたいと思います。それでは技術スタッフの研修について少しお話できますか。

Vocabulary Notes

●Now that	もう…なのだから	●prototype	試作品
●iron out	円滑にする、 （問題点を）取り除く	●constraint	制約
		●By all means.	ぜひどうぞ。
●specifications	仕様	●not set in stone	変更可能な、
●time frame			絶対的なものではない
	タイムフレーム、時間枠、期間	●leeway	ゆとり
●unrealistic	非現実的	●ambitious	野心的な
●lead time	リードタイム		

POINT

問題を先送りにするときは
率直にその理由を告げる

　相手から予期していなかった要求を突然提示され、こちらがそれに対応できる権限を持っていないときや、必要な情報を持ち合わせていない場合、あるいは熟考した上で答えたい場合など、その問題をとりあえず先送りにしなければならないことがあります。そういう場合に、よくとぼけて率直に答えない人がいますが、そのような対応は相手の不信感を招きます。むしろ、なぜ今答えられないか、いつごろになれば答えられるかを、はっきりと相手に告げ、理解を得るようにします。もちろん相手の信頼を失わないように、表現に気をつけて答える必要があります。

Useful Expressions

■I'd like to meet with my ... first to find a satisfactory solution.

☞まず…と話して、満足のいく解決策を探りたいと思います。

A : Excellent presentation, but we see a problem with your manufacturing overhead. Tell us how you plan to reduce that.

B : I'd like to meet with my production manager first to find a satisfactory solution. Then I'll be able to answer your question.

A : 素晴らしいプレゼンテーションでした。でも御社の製造部門の間接費には問題があると思います。どのようにして減らすおつもりですか。

B : まず製造部長と話して満足のいく解決法を探りたいと思います。そうすれば、ご質問にお答えできると思います。

■I'll need some time to check into the problem.

☞その問題を調べるために少し時間をください。

A : There seems to be a software problem with this particular computer game.

133

B : I see. I'll need some time to check into the problem.

A : このコンピュータ・ゲームはソフトに問題がありそうです。

B : わかりました。この問題の調査に少し時間をください。

■This requires a detailed investigation, so you'll be hearing from me in a few days.

☞これは詳しく調べてみる必要がありますので、数日後に連絡します。

A : Our maintenance staff has discovered a problem with the back-up central processing unit.

B : That comes as a surprise. This requires a detailed investigation, so you'll be hearing from me in a few days.

A : 当社の維持管理担当者が予備の中央演算装置に問題を発見しました。

B : それは驚きです。詳しく調べる必要がありますので、数日後に連絡いたします。

■I understand. That's why I want our people at headquarters to deal with this.

☞わかりました。そういうわけですので、本社にこの件を扱ってもらいたいと思っています。

A : This is the third time we've had problems with shipping. If you can't solve the problem, we'll find a company that can.

B : I understand. That's why I want our people at headquarters to deal with this.

A : 配送に問題が生じたのは、これで3度目です。もし御社がこの問題を解決できないなら、ほかの会社を探します。

B : わかりました。そういうわけですので、本社にこの件を扱ってもらおうと思っています。

■We'll take care of that first thing tomorrow morning.

☞明日の朝一番で対処します。

A : The video conferencing monitor provides distorted images at times. We need to have that problem cleared up.

B : That's not what I expected to hear. We'll take care of that first thing Monday morning.

A : テレビ会議用のモニー画面は、ときどき歪みます。この問題は解決しなけれ

ばなりません。

B：それは予期しなかったことです。月曜の朝一番で対処します。

■Let's discuss that point when we review ....

☞…を見直すときに話し合いましょう。

A：It looks like we may need to increase our factory and office space.

B：Maybe so. Let's discuss that point when we review the operating lease.

A：工場およびオフィスのスペースを増やさなければならないようです。

B：おそらくそうでしょう。オペレーティング・リースを見直すときに、その点について話し合いましょう。

■Let me study the situation. I'll be sure to get back to you no later than ....

☞状況を検討させてください。…までには必ずご連絡します。

A：We're very concerned that the disposition of these matters may have an adverse effect on our consolidated financial position.

B：Let me study the situation. I'll be sure to get back to you no later than Thursday.

A：これらの件の処理が、当社の連結財務状況に悪影響を与えかねないことをとても懸念しております。

B：状況を検討させてください。木曜日までには必ず連絡いたします。

■I want to take a close look at this situation before responding.

☞お答えする前に、状況を詳しく検討したいと思います。

A：I've got some bad news for you. Over 2,000 automobiles of the Viva model failed to meet the state's emission standards. Should we issue a general recall?

B：I want to take a close look at this situation before responding.

A：悪い知らせです。「ビバ」という車種の2000台以上が、州の排ガス基準をパスできませんでした。全面的なリコールをすべきでしょうか。

B：お答えする前に、状況を詳しく検討したいと思います。

■I'll look into that. I expect to have an answer for you by ....

☞検討いたします。…までにはお答えできると思います。

A : We want a telephone service guarantee which includes the clearing of phone line faults within four hours.

B : I'll look into that. I expect to have an answer for you by tomorrow afternoon.

A : 4時間以内の電話回線復旧を含む電話サービスの保証を求めます。

B : 検討いたします。明日の午後までにはお答えできると思います。

■Since I don't have that information with me, I'll have to contact you ....

☞その情報は今持っていませんので、…に連絡いたします。

A : We've got a problem with labeling. We need an itemized list of every ingredient in all of your food products along with their contents percentages.

B : Since I don't have that information with me, I'll have to contact you in a day or two.

A : ラベルが問題です。御社の食品のすべてに、各成分の項目別のリストと、内容物のパーセンテージ表示が必要です。

B : その情報は今持っておりませんので、一両日中に連絡いたします。

136

22 自分の誤りを訂正する
Correcting mistakes

I admit it was totally our mistake. Therefore we will ....

それは完全にこちらのミスです。したがってこちらで…いたします。

Since it was our mistake, we'll take full responsibility.

それはこちらのミスですので、すべての責任をとります。

Situation

冷凍食品販売会社社長のパーネル氏は、田中さんの新しい顧客です。しかし不運なことに、パーネル氏との最初の取引で間違いが生じました。パーネル氏が発注した商品が、数量・品種ともに間違って出荷されてしまったのです。田中さんがパーネル氏との会談に臨む前に原因を調査したところ、自社の手落ちであることが判明しました。田中さんは、自社にとってのダメージが広がるのをできるだけ防ぎながら、誠意ある対応をし、今後のビジネスに悪影響を与えないようにしなければなりません。

交渉例

Track
22

Parnell: Hello, Mr. Tanaka. The reason I had you come here is to rectify some major problems with the very first order we received from your company. Needless to say, this is not a good way to start a business relationship.

Tanaka: I agree. That's why I want to find out exactly where the problem occurred so that we can take the necessary action to ensure that it does not happen again.

Parnell: Well, as I told you over the phone, there was not one but two problems with this order – the quantity and the type of items shipped. We ordered a total of 800 cases of your frozen shrimp dinners, but what we received was only 400 cases.

Tanaka: I checked the shipping documents before I came here and **I admit it was totally our mistake.** I can't understand how it could happen, but it did. **Therefore, we will** ship the other 400 cases in three weeks.

Parnell: I'm afraid that's not good enough. We intend to uphold the penalty clause in the contract. Furthermore, I've got a few angry buyers on my hands. I need the remaining shipment in one week.

Tanaka: I understand. It's going to be very difficult, but I'll make special arrangements to get it here within seven days. Your business is very important to me.

Parnell: Now, about the problems with the types of dinners. We asked for only 200 cases of shrimp in chili sauce, but you sent us 300. We will ship the unwanted 100 cases back to you at your expense. The 600 cases which are due must be the shrimp with sautéed vegetables which we originally ordered.

Tanaka: Yes, that's right. However, rather than return the 100 cases, wouldn't you prefer to keep them in stock just in case sales are better than expected? This will eliminate the need for a sudden additional order.

Parnell: I'd rather not do that. This is our first order, so we'd like to see how well your product sells at first.

Tanaka: I see. **Since it's our mistake, we'll take full responsibility.** We will ship the rest of the order to your specifications, and it will be sent by air. We will also bear the expense of the 100 cases to be returned. It's always in our best interest to serve all our clients with care.

パーネル：こんにちは、田中さん。来ていただいたのは、御社から初めて購入した商品について大きな問題が起こりましたが、それを正したいためです。申し上げるまでもなく、これは取引関係のよいスタートとは言えません。

田　　中：そのとおりです。どこで問題が発生したかを正確に把握したいと思っています。そして同じことが再び起こらないように必要な措置を講じます。

パーネル：さて、電話でお伝えしましたように、問題は１つではなく２つあります。お送りいただいた商品の数量と種類です。冷凍のシュリンプ・ディナーを全部で８００ケース発注したのに、受け取ったのは４００ケースだけでした。

田　　中：ここに来る前に出荷書類をチェックしましたが、全面的に当社側のミスでした。なぜそのようなことが起こったかわかりませんが、起きてしまったのです。そのようなわけですので、当社は残りの４００ケースを3週間後にはお送りいたします。

パーネル：それではすまないと思いますよ。契約書の罰則条項を適用するつもりです。それに、怒ったバイヤーの面倒を見なければなりません。ですから残りの商品は１週間後には手に入れる必要があります。

田　　中：わかります。とても難しいのですが、７日以内にこちらに到着するよう特別に手配いたします。御社との取引は、私にとってとても重要ですから。

パーネル：それでは、ディナーの種類の問題に移ります。当社はチリソース・シュリンプを２００ケースだけ発注しましたが、３００ケース送られてきました。不要な１００ケースを御社の費用で返送します。また受け取ることになっている６００ケースは、最初に発注した野菜ソテー付きシュリンプでなければなりません。

田　　中：ええ、そのとおりです。しかしその１００ケースを返品せずに、予想よりよく売れた場合に備えて、お手元においておかれてはいかがですか。急いで追加発注をする必要がなくなりますよ。

パーネル：やめておきましょう。初めての注文ですので、御社製品の売れ行きを見てみたいのです。

田　　中：わかりました。当社のミスですので、こちらで全責任を負います。御社の仕様どおりに、残りの商品を航空貨物で送ります。返品分の１００ケースの輸送費も当社で負担します。すべてのお客様のために、常に細心の注意を払って奉仕することは、当社の最大の関心事です。

●rectify	正す	●remaining	残りの
●Needless to say,		●at your expense	御社の負担で
	申し上げるまでもなく	●due	到着予定である、
●ensure	確実にする		到着することになっている
●quantity	数量	●in stock	在庫の、手持ちで
●uphold	支持する	●eliminate	除く、省く
●penalty clause	罰則条項	●bear the expense	費用を負担する

POINT

ミスの処理は、素早く積極的に

　ビジネスでは、ときに自社や自分自身の犯した誤りのために、相手に迷惑をかけてしまうことがあります。その処理のための交渉では、率直で誠意ある態度をとることが大事です。もちろん相手側の理不尽な要求には応じる必要はありませんが、契約書などで決められた方法や、ビジネス常識にかなった方法で、速やかに、積極的に事態の解決に当たります。こちら側の間違いであることを認め、必要に応じてなぜ間違いが発生したかを説明し、その処理方法を話し合います。決して卑屈になる必要はありませんが、相手に迷惑をかけたことをすまなく思っていることを態度に表しましょう。そして今後そのような誤りを起こさないことを告げ、相手との取引が自社にとって大事なものであることを強調しましょう。

Useful Expressions

■That was an oversight on my part. I'll correct it right away.

☞それは私の見落としです。すぐに訂正いたします。

A : The port of arrival has been left blank on this document.

B : That was an oversight on my part. I'll correct it right away.

A：この書類の中の「入国地」が未記入です。
B：私が見落としました。すぐに直します。

■Actually, I gave you some incorrect information. It should be ....

☞じつは、間違った情報をお伝えしてしまいました。正しくは…でした。

A : You wanted to talk about the product guarantee?
B : Yes. Actually, I gave you some incorrect information. It should be a three-year guarantee rather than a one-year guarantee.
A：製品保証についてお話ししたいとおっしゃいましたか。
B：はい。じつは、間違った情報をお伝えしてしまったのです。1年保証ではなく3年保証でした。

■It looks like I gave you an incorrect figure. It should be ....

☞間違った数字をお教えしたようです。正しくは…です。

That's right. You wanted the fiber optic cable in place of the copper communications cable. It looks like I gave you an incorrect figure. It should be $5.75 per meter instead of $3.75 per meter.
そうですね。御社は銅製の通信ケーブルではなく、光ファイバー・ケーブルをご希望でした。どうやら間違った数字をお教えしたようです。1メートル当たり3ドル75セントではなく、5ドル75セントです。

■I must inform you of a mistake I made. I'd like to change the proposal to read ....

☞私の間違いをお知らせしなければなりません。提案書の文言を…のように訂正したいと思います。

Yes, Mr. Brown. I must inform you of a mistake I made. Originally I mentioned that we could give you exclusivity for five years. I'd like to change the proposal to read "Exclusivity will be granted for a three year contract period."
そのとおりです、ブラウンさん。私の間違いをお知らせしなければなりません。当初私は、5年間にわたり御社に独占的販売権を与えることができると申しました。しかし、「3年間の契約期間にわたり独占的販売権を与える」と、提案書の文言を訂正したいと思います。

■After reviewing ... I found that I had made a mistake. I hope you have no objection to ~

☞…を見直したところ、私が間違いを犯したことに気がつきました。～ということでご異論がなければありがたいのですが。

> After reviewing the latest changes made during our previous meeting, I found that I had made a mistake. I hope you have no objection to a minimum purchase of 5,000 units per year.
>
> 前回のミーティング中に加えた変更点を見直したところ、私が間違いを犯していたことに気がつきました。年間最少購入数は5000個ということでご異議がなければありがたいのですが。

■I'd like to clear up this matter. I was wrong in saying ....

☞この件に関してはっきりさせておきたいことがあるのです。…と申しましたが誤りでした。

> A : Is there something wrong with our loan request?
>
> B : Yes, in fact there is. I'd like to clear up this matter. I was wrong in saying we could accommodate you with a $3 million increase. The figures are fine, but we would need a guarantor for such a large sum of money.
>
> A : 当社の融資依頼に何か問題があるのですか。
>
> B : ええ、じつはあるのです。この件についてはっきりさせておきたいと思います。私は、300万ドル融資を増加できると申しましたが、間違っていました。数字は正しいのですが、それだけ巨額になりますと債務保証人が必要となるのです。

■My original calculations were in error. Here are the accurate ones.

☞私の最初の計算が間違っていました。正しいのはこちらです。

> I'm glad I took a second look at the new solar panels. My original calculations were in error. Here are the accurate ones.
>
> 新型の太陽電池板を見直してみてよかったです。私の最初の計算が間違っていました。正しいのはこちらです。

■Somehow I failed to include ... in the ~. Please take a look at these revised figures.

☞なぜか～に…を入れ損なってしまいました。どうか、こちらの訂正した数字をご覧ください。

Somehow I failed to include new port taxes in the latest sea cruise rates. Please take a look at these revised figures.

なぜか新入港税を最新の巡洋航海料金の中に入れ損なってしまいました。どうか、訂正したこちらの数字をご覧ください。

■I must point out, with great embarrassment, that I overlooked ....

☞とてもお恥ずかしいのですが、…を見落としたことをお伝えしなければなりません。

I must point out, with great embarrassment, that I overlooked the advertising subsidy. I would have to include that in the proposal.

たいへんお恥ずかしいのですが、私は広告助成金のことを見落としておりました。提案書の中に入れます。

■I stand corrected. It should read ....

☞私が間違っていました。それは…と書くべきでした。

Thank you for bringing that to my attention, Mr. Green. I stand corrected. It should read "30 days after dispatch", not 60 days.

グリーンさん、その件について私の注意を喚起していただきありがとうございます。私が間違っていました。その部分は「出荷後30日」と書くべきで、60日ではありません。

23 誤解を解く
Correcting a misunderstanding

I'd like to set the record straight.
誤解を正したいと思います。
It is not our intention to ....
…することはわれわれの意図とは違います。

Situation

田中さんは、MoneyTech社の新規事業開発部長ピーターソン氏と交渉中です。同社はインターネットで金融サービスを行う会社で、事業拡張のために、田中さんの会社がインターネットで提供しているサービスに関心を示しています。これまでに何度か交渉を重ねてきましたが、これまでもピーターソン氏はどうも田中さんの発言を自分の都合のよいように解釈する傾向があるようです。それが意図的なのか単なる誤解かはわかりません。しかし交渉では、早めに誤解を解かないと、あとで取り返しがつかなくなる可能性があります。そのため田中さんは、誤解されていることに気づいたときは、いつでもはっきりと指摘することにしました。

交渉例

Track **23**

Peterson: Well, Mr. Tanaka, I'm glad we will have an opportunity to do business with your company. In addition to what we've already discussed, my company hopes to launch many new telecommunications services based on Internet protocols.

Tanaka: Yes, that market is rapidly expanding. And for that very reason, the competition is increasing day by day.

Peterson: True, but we're banking on your company's expertise as a leading Internet access provider. And, as business partners, in order for us to grasp the whole picture of your telecommunications technology, we would be happy to send our engineers to your Tokyo office.

Tanaka: Before we enter that area, **I'd like to set the record straight.** We would be willing to train your people in the services in which we intend to do business. It would be too costly to train them in all of our operations.

Peterson: I agree. Well, I'm sure we can prioritize the areas which require in-depth training. Since your company provides one of the leading commercial Internet services in Japan, we certainly would not want to miss out on any of the hi-tech methods you employ.

Tanaka: We will provide you with all the technology and services your company needs to carry out its business in accordance with the final contract.

Peterson: Right. And speaking of contracts, Mr. Tanaka, I think it would be a good idea to have our corporate lawyers present at our next meeting. They should be informed of our latest negotiations before we begin contract talks. Oh yes, I almost forgot. We are eager to integrate your CDMA 5000 with our systems. We feel this technological standard is a must for the next generation of our high-speed networks.

Tanaka: Just a minute, Mr. Peterson. **It is not our intention to** bring this standard into the package we are negotiating. Using a standard which is incompatible with some components of your present system could cause major malfunctions.

Peterson: This surprises me, particularly after you talked about the effectiveness of the CDMA 5000. It appears that you're backing down from your plan to implement it.

Tanaka: I think there has been a misunderstanding. While I explained that it was part of our latest technology, I did not say that it would be appropriate for your particular application.

ピーターソン：さて、田中さん。御社と取引できる機会をいただき、うれしく思います。すでに検討したことに加えて、当社はインターネット・プロトコールに基づいた多くの新たな電気通信サービスを立ち上げたいと考えています。

田　　中：そうですね。マーケットは急速に拡大していますし、そのため競争が日に日に激しくなっていますね。

ピーターソン：そのとおりです。でも私どもはインターネット・プロバイダーとしての御社の専門知識を頼りにしております。ビジネスパートナーとして当社は、御社の電気通信技術の全体像を把握するために、よろこんで技術者を御社の東京オフィスに派遣します。

田　　中：その話題に入る前に、誤解を解いておきたいと思います。私どもは、共同でビジネスを行おうとしている分野のサービスに関して、よろこんで御社のスタッフの訓練を行います。しかし当社のすべての業務分野の訓練をするのは、たいへんな費用がかかります。

ピーターソン：そのとおりですね。それでは、徹底した訓練が必要な分野を優先させましょう。御社は日本の商業インターネット・サービス分野における大手ですので、御社が採用しているハイテク技術を少しでも見逃したくないのです。

田　　中：私どもは、最終契約にしたがって、御社の事業の遂行に必要な技術とサービスを提供します。

ピーターソン：そのとおりです。そして、田中さん、契約の話ですが、次回の会議には会社の弁護士を立ち合わせるほうがよいかもしれませんね。契約の話を始める前に、交渉がどこまで進んだかを弁護士に知らせておくべきでしょう。あっ、そうそう、忘れるところでした。ぜひ御社のＣＤＭＡ　５０００を当社のシステムに統合したいと考えています。この技術規格は当社の次世代ハイスピード・ネットワークになくてはならないものです。

田　　中：ちょっと待ってください、ピーターソンさん。私どもは、この規格を現在交渉中の一括契約の中に入れるつもりはありません。御社が現在使用しているシステムの一部と互換性がない規格を使うと、大きな故障を引き起こす可能性があります。

ピーターソン：それは驚きました。ＣＤＭＡ　５０００の効率のよさについて話を伺ったあとではなおさらです。あなたは、その実施計画を撤回しているように思われます。

田　　中：何か誤解があるのでは。それが当社の最新技術の一端であるとは言いましたが、御社のアプリケーションに適切なものだとは言いませんでした。

Vocabulary Notes

- launch　　　　（世の中に）送り出す
- protocol　　プロトコル、通信規約
- expand　　　　　　　　拡大する
- bank on　　　　　　　当てにする
- expertise　　専門技能、専門知識
- leading　　　　大手の、一流の
- grasp　　　　　　　　把握する
- set the record straight
　　誤解を解く、事を明らかにする
- costly　　　　　　　　　高価な
- prioritize
　　優先順位をつける、優先させる
- in-depth　　　徹底的な、綿密な
- miss out　　　　逃がす、逸する
- in accordance with ...
　　　　　　　…にしたがって

- integrate
　　　　組み合わせる、結合する
- must　　　　　絶対必要なもの
- generation　　　　　　　世代
- package　　一括契約、一括取引
- incompatible
　　　　互換性のない、非互換の、
　　　　コンパチブルではない
- component　　　　　　構成部分
- malfunction　　　誤動作、故障
- effectiveness　　　　　有効性
- back down　　　　　　撤回する
- implement　　　　　　実施する
- misunderstanding　　　　誤解

POINT

相手が誤解していることがわかったら直ちに正す

　いくら気をつけていても、交渉の過程で誤解が生じることがあります。誤解は、小さなものでも放っておくべきではありません。ひびがだんだん大きくなり、それが原因で交渉が決裂する可能性があるからです。誤解があることに気がついたら、すぐに正すようにしましょう。しかし"I didn't say so." や "You're wrong." のような表現ばかりを連発していては、レベルの高いコミュニケーションを望むことができません。ここで紹介する表現を研究し、状況に合った微妙なニュアンスを出せるようにしておきましょう。

Useful Expressions

■You may have misunderstood.

☞（御社のほうで）誤解があるかもしれません。

> You may have misunderstood. We state property, plant, and equipment at cost and determine depreciation using the group method.
>
> 誤解されたのかもしれません。当社は固定資産を取得原価で表示し、組別法で減価償却費を決定します。

■I must reiterate that ....

☞…についてもう一度申し上げたいと思います。

> I must reiterate that the last part of your proposal is outside the area of our technological expertise.
>
> ご提案の最後の部分は、当社の技術的な専門分野の範囲外であることを、私はもう一度申し上げたいと思います。

■I don't believe that is what I said.

☞私はそのようには申し上げませんでした。

> Your comment about us not wanting to expand the sales territory surprises me indeed. I don't believe that is what I said. I stated that we should limit this venture to the designated area only for the first year.
>
> 当社が販売地域の拡大を望んでいないというあなたの発言には、じつに驚きました。私はそのようには申し上げなかったはずです。私は、最初の1年間は事業を指定された地域に限定したほうがよい、と申し上げたのです。

■There seems to be some confusion about .... Allow me to clarify that.

☞…について何か混乱があるように思えます。その点について明らかにさせてください。

> There seems to be some confusion about the management of this joint venture. Allow me to clarify that. Originally I presented our worldwide policy, but I also mentioned that there are times when we deviate from that standard. I feel that in this unique case, it is better to manage the venture in accordance with local practices.

この合弁事業の運営については混乱があるように思われます。その点について明らかにさせてください。当初、私は世界共通の方針を提示しました。しかしその基準から外れることがあるとも申し上げました。他に例のないこのケースでは、現地の慣行に従って事業を運営するほうがよいと思います。

■Apparently there has been a misunderstanding.
☞どうも誤解があるようです。

A : Here is the label we'll use on our cans of mixed nuts.

B : Apparently there has been a misunderstanding. I'm quite sure I stated that a new government law requires foods containing genetically modified ingredients to be labeled as such.

A : ミックスナッツの缶に使うラベルはこれです。

B : どうも誤解があるようです。遺伝子操作された食品の成分はラベルにそう表示することを、国の新しい法律が義務づけていると私は確かに申し上げたはずです。

■It's important that everyone has the same information.
☞全員が同じ情報を共有することが大切です。

It's important that everyone has the same information. Concerning the sale of insurance products through our bank, we pointed out that it would not be possible without approval from our board of directors.

全員が同じ情報を共有することが大切です。当行経由の保険商品の販売については、取締役会の承認なしでは不可能であると私どもは指摘しましたよ。

■I think we need to go over this point again.
☞この点についてもう一度検討する必要があります。

I think we need to go over this point again. It isn't necessary to create an additional accounting section because all significant inter-company accounts are eliminated in consolidation.

この点をもう一度検討する必要があると思います。新しい経理課をつくる必要はありません。なぜなら主要な会社間勘定は、合併によってすべてなくなってしまうからです。

■I'm sorry, but that's not the way I understand it.

☞残念ながら、私の理解とは違っています。

You said you're expecting the entire order within 60 days. I'm sorry, but that's not the way I understand it. We explicitly stated that the first 800 crates would be shipped within 60 days, with the remaining 400 crates within 90 days of your order.

発注した商品はすべて６０日以内に受け取りたいとおっしゃいましたが、残念ながらそれは私の理解と違っています。私どもは、最初の８００箱は受注後６０日以内に、そして残りの４００箱は９０日以内に出荷すると、はっきりと申し上げました。

24 発言を訂正する
Revising statements

> **On second thought, ...**
> 再考したところ、やはり…でした。
> **After further consideration, I must take back my statement about ....**
> よく考えた結果、…に関する前言を撤回いたします。

Situation

田中さんは、アメリカのスポーツシューズメーカー社長のドーソン氏と商談中です。ドーソン氏は田中さんの会社にファッショナブルなジョギングシューズを売り込もうとしています。当初、田中さんはドーソン氏の提案に懐疑的でした。しかし話を聞くうちに田中さんの考えが変わってきました。そのため前言を訂正する必要が出てきました。

交渉例

Track
24

Dawson: So, as you can see, Mr. Tanaka, our jogging shoes are made of lightweight leathers and synthetics, dyed in a dazzling array of colors, which makes them both stylish and practical.

Tanaka: Yes, they may be very appealing to consumers who are looking for fashionable footwear. As you know, jogging shoes like these were very popular in Japan a few years ago. But now the trend is changing, due to a flood of cheap imports from Asia. I seriously doubt that your product could gain a large share of the market here in Japan.

Dawson: Don't forget, Mr. Tanaka, that our company sold over $15

151

million of sports shoes in the U.S. last year. We have about 12% of the market, and we're growing.

Tanaka: I understand. However, largely because of the recession and market saturation here, the demand for jogging shoes in Japan expanded by a mere 0.9% last year. I'm not sure that we would want to take a big risk in selling your shoes under such unfavorable conditions.

Dawson: I might as well tell you now that our company had a marketing survey conducted last year in Japan, and the results were very positive. First of all, the market is starting to grow again. Additionally, it was found that while 25% of sport shoe buyers based their decisions on advertising, 30% said technology was important, and 28% were motivated by fashion. Only 17% bought jogging shoes on the basis of price. It looks like the pendulum is now swinging in the other direction.

Tanaka: **On second thought,** there may be a way in which we can do business. I think my company may have to take a new marketing approach in the process.

Dawson: I can't deny that a lot of this is about marketing. Our company feels that the key factor is to make a great product that satisfies consumer needs, and we're doing just that. Our lightweight stretch material, along with its patented mid-sole, provides excellent cushioning.

Tanaka: Well, **after further consideration, I must take back my statement about** our big risk. If your company can offer us a high-performance shoe for a lower price to make it accessible for children as well as adults, we'll most likely be able to make some sort of a deal.

ドーソン：さて、田中さん。ご覧のとおり当社のジョギングシューズは軽量の皮革および合成素材で作られており、色もよい色が揃っているので、スタイリッシュであると同時に実用的にできています。

田　　中：ええ、ファッショナブルな靴を求めている消費者にはとても魅力的かもしれません。ご存知のようにこのようなジョギングシューズは、日本でも数年前にはたいへん人気がありました。しかし、今ではアジアからの安い輸入品の洪水によってトレンドが変わってしまいました。御社の製品が日本の市場で大きなシェアを得られるかどうかは、正直言ってまったく疑問なのです。

ドーソン：田中さん、当社が、昨年アメリカでスポーツシューズを1500万ドル以上販売したということをお忘れにならないでください。当社は約12％のマーケットシェアを握っており、しかも成長を続けているのです。

田　　中：わかりました。しかし、主として不景気と市場の飽和のために、日本でのジョギングシューズの需要の伸びは、昨年はたった0.9％でした。そんな不利な環境で、御社の靴を販売するという大きなリスクをとれるかどうかの判断は、当社にとっては難しいところです。

ドーソン：昨年、当社は日本でマーケティング調査を行い、その結果は確信の持てるものだったことをお知らせしましょう。まずマーケットは再び拡大を始めています。さらに、スポーツシューズ購入者の25％が広告によって購入を決め、30％は技術が重要だと答え、28％がファッション性によって決めました。値段で決めたのはたった17％です。風向きが、また変わってきたのではないでしょうか。

田　　中：よく考えると、取引できる可能性があるかもしれません。そのためには、当社は新しいマーケティング手法を用いる必要がありそうです。

ドーソン：相当な部分がマーケティングにかかっていることは否定できません。重要なのは、消費者のニーズを満たす優れた商品を作ることだと思います。当社が行っているのはまさにその点です。軽量で伸縮性のある素材と独特の中底により、素晴らしいクッション性が得られました。

田　　中：そうですね。よくよく考えると、大きなリスクという私の発言は取り消さなければならないようです。もし御社が高性能の靴を、大人だけでなく子供でも買える低価格で提供していただけるなら、なんらかの形でお取引できる可能性はかなり高いと思います。

●synthetics	化学合成物質	●pendulum	振子
●dye	染める	pendulum swings in the other	
●dazzling	まばゆいばかりの	direction	風向きが逆になる
●array	一続き	●on second thought	
●appealing	魅力的な		考え直した結果
●footwear	履物	●deny	否定する
●flood	洪水	●patented	独特の
●market saturation	市場の飽和	●mid-sole	中底
●unfavorable	不利な	●take back	取り消す、撤回する
●motivate	動機を与える	●accessible	入手が可能な

POINT

前言を翻すときには、相手が納得できる説明を

　交渉中に新しい判断材料が出てきたために、自分の考えが変わることがあります。そのようなときには前言を訂正しなければなりませんが、ただ単に訂正するだけだと、相手の自分への信頼を損なう可能性があります。信頼を失うことは交渉の失敗につながります。自分への信頼を保ちながら前言を訂正するためには、なぜ考えを変えたのかきちんと理由を述べたり、よく考えてみたところ、提案を受け入れたほうがよいことがわかった、などといった相手が納得できるような説明が必要となります。

Useful Expressions

■After reviewing the facts, I would ... rather than ~.

☞検討の結果、〜するよりは…したいと思います。

> After reviewing the facts, I would like to store extra cases in our warehouse rather than have them returned to you.
> 検討の結果、余分なケースは、返送するよりも倉庫で保管したいと思います。

■It may be better to ....

☞…するほうがよさそうです。

> Based on your latest information, it may be better to lower our sales forecast for the first year.
> 御社の最新情報に基づくと、1年目の販売予測を下方修正したほうがよさそうです。

■Therefore, I'd like to change ....

☞というわけで、…を変更したと思います。

> It's difficult to judge whether this product will catch on with our young people. Therefore, I'd like to change my quantity from 12,000 units to 8,000 units.
> この製品が若者たちの間で人気が出るか判断が難しいところです。そのため数量を1万2000個から8000個に変更したいと思います。

■I'd prefer to suggest ....

☞…を提案したいと思います。

> Due to the fast-paced life of the working person, I'd prefer to suggest that we emphasize convenience as big benefit of a one-stop grocery store.
> 働く人のテンポの速い生活に合わせ、1カ所ですべて間に合う食料品店の利便性という大きな特長を強調することを提案したいと思います。

■Having thought about ..., I must revise ~.

☞…に関して考慮した結果、〜を変更せざるをえません。

> Having thought about your additional demands, I must revise our cost estimate.
> 御社の追加要求について考慮した結果、見積もりを変えざるをえません。

■Now I would agree with the recommendation to ....

☞そういうことであれば、…することに同意したいと思います。

> Now I would agree with the recommendation to acquire ABC Company. It does seem to be the most effective way to take advantage of this particular market opportunity.
> そういうことであれば、ABC社を買収する勧告に同意したいと思います。それがこのマーケットにおける好機を生かす一番効果的な方法のようです。

■We've made a revision to ....

☞…を変更いたしました。

> Knowing that you were not happy with our original idea, we've made a revision to our proposal, and we will use a globally accepted standard.
> 私どもの当初の案に満足されていないようなので、提案を変更し、世界的に受け入れられている基準を使うことにします。

■... has caused me to change my opinion about ~.

☞…によって、～に関する私の考えが変わりました。

> Escalating personnel costs has caused me to change my opinion about the disadvantages of outsourcing.
> 人件費が上昇したことで、アウトソーシングの欠点に関する私の考えが変わりました。

25 謝罪する
Apologizing

> **I must apologize for ....**
> …についてお詫びします。
>
> **I must admit I misunderstood that point. I am very sorry.**
> その点について誤解しておりました。たいへん失礼いたしました。

Situation

田中さんはアメリカ東部のオフィス機器販売業者 Robbins & Co.社のロビンズ氏と商談をしています。ロビンズ氏は、田中さんの会社からパソコン用プリンタを仕入れて販売する計画です。これまでにも何度か会談を重ねてきましたが、今日の会議で田中さんは、ロビンズ氏から自社のミスを指摘されました。交渉を成功に導くためには素直に謝るのがベストだと田中さんは判断しました。

交渉例

Track **25**

Tanaka: It's good to meet with you again, Mr. Robbins. First of all, **I must apologize for** failing to quickly send you the information you requested. I wanted to provide you with our latest figures, so I had to wait longer than expected. They weren't made available until Friday.

Robbins: That's quite all right, Mr. Tanaka. We took a look at them the other day, and found them to be very impressive.

Tanaka: I'm glad to hear that. Well, I guess it's time to move on to the sales target. We talked a little about this at an earlier meeting, and based on your estimate of $2 million for first year sales, we could provide you with 5,000 units within 45 days of the signing of the contract.

Robbins: Just a minute, Mr. Tanaka. I'd like to remind you of exactly what was discussed. Initially we defined the sales territory for only four major cities. At that time, I told you there was great potential for your product if we decided to market it in the South as well. My estimate was based on the possibility of an expanded sales territory. You indicated that you would prefer to restrict the territory for the first year. Therefore, it would be impossible for us to reach such a target.

Tanaka: Oh, I see. **I must admit I misunderstood that point. I am very sorry.** Yes, I'm following you now. I agree that such a sales target would be unattainable. Let's assume, for the moment, that we stay with the original plan of the four-city sales territory. Do you think you can reach $1 million in sales?

Robbins: Well, to be perfectly honest, we really want more latitude in territory. We know you're doing business with other companies here, but we feel that we can be very competitive in the region.

Tanaka: I understand how you feel about this, so I'll discuss it with my boss and give you an answer by Wednesday.

Robbins: By the way, the information which you faxed to me did not mention mark-down allowances. Have you changed your mind about that?

Tanaka: No, we haven't. I'm terribly sorry that it wasn't included with the information I sent you. I do have it with me and I'd be happy to discuss it with you now, if you like.

Robbins: Yes. I think we should talk about it right away.

田　中：ロビンズさん、またお会できてうれしく思います。最初に、ご依頼いただいた情報を送るのが遅れてしまったことをお詫び申し上げます。最新の数字をお送りしようとしたのですが、思ったよりも時間がかかってしまいました。入手できたのが金曜日になってしまったのです。

ロビンズ：それは全然かまいません。先日拝見しましたが、とても素晴らしい数字でした。

田　中：そう言っていただければうれしいです。では販売目標の話に移りましょう。以前の会議でも少しお話ししましたが、1年目200万ドルという御社の販売予想に基づき、当社では、契約締結後45日以内に5000個を供給いたします。

ロビンズ：ちょっと待っていただけませんか、田中さん。話し合ったことを正確に思い出してください。当初、販売地域を4大都市に限定しましたよね。そのとき、私は御社の製品を南部でも販売すれば、大いに将来性があると申し上げましたが、私の予想は、拡大した販売地域に基づいて行ったものです。御社のほうで、初年度は地域を限定したいとおっしゃったのです。したがってそのような目標を達成することは不可能です。

田　中：なるほど。その点を誤解しておりました。申し訳ありません。おっしゃっていることが、よくわかりました。そのような販売目標は達成できないですね。とりあえず、最初に考えたとおり、4都市に限定した販売地域を想定しますと、売上げは100万ドルに届きますか。

ロビンズ：正直に申し上げますと、販売地域についてはもっと幅がほしいところです。御社がここで他社と取引をされていることは承知しております。でも当社もこの地域でより競争的になれると考えています。

田　中：御社がこの件についてどう考えているのかわかりましたので、上司と話して水曜日までにお返事いたします。

ロビンズ：ところで、いただいたファクスには値下げ幅のことが抜けていましたが、考えを変えられたのですか。

田　中：いいえ、そうではありません。それを抜かしてしまい、たいへん失礼しました。手元に数字を持っておりますので、よろしければ今お話しいたしましょう。

ロビンズ：はい、今すぐに話し合ったほうがよいと思います。

Vocabulary Notes

- apologize　　　　　　　　　謝る
- estimate　　　　　見積もり、予測
- restrict　　　　制限する、限定する
- I'm following you.
  あなたの言うことはわかります。
- assume　　　　　　仮定する
- latitude　　　　　　幅、余裕
- mark-down allowances 値下げ幅

POINT

謝罪するときには、何に対して謝っているのかを明確に

　よく外国で事故などに巻き込まれたときは、簡単に謝らないほうがよいと言われます。確かにその後の裁判などで不利にならないような注意は必要でしょう。しかし交渉の過程において何らかの間違いがあり、明らかに自分や自社に責任があるときには、速やかに謝る必要があります。知らない振りをしたり、とぼけたり、第三者に責任を押し付けたりすると、交渉相手の信頼を保つことができなくなります。素直に謝るようにしましょう。とは言っても"I'm sorry."をやたらに連発するのはいただけません。相手に卑屈な印象を与えかねないからです。

　謝るときは、何に対して謝っているのかをはっきりさせて、真摯な態度で謝りましょう。またsorryだけでなく、より正式の謝罪のニュアンスが出せるようにapologizeという動詞や、その名詞形のapologyもうまく使えるように練習しておきましょう。

Useful Expressions

■Please accept my apology for ....

☞…についてお詫び申し上げます。

> Please accept my apology for the error in the cost tables.
> 費用計算表の誤りについてお詫びいたします。

■I am sorry for ....

☞…についてお詫びします。

> I am sorry for the last-minute changes in the product specifications.
> 製品仕様を土壇場で変更して、申し訳ありません。

■It looks like I owe you an apology.

☞お詫びしなければならないようです。

> It looks like I owe you an apology. Some of the information on the labels was translated incorrectly.
> どうもお詫びしなければならないようです。ラベルの表示が誤って翻訳されてしまいました。

■I am terribly sorry about that.

☞たいへん申し訳ありません。

> I noticed that it was omitted from the licensing agreement. I am terribly sorry about that.
> ライセンス供与の合意書からそれが漏れていることに気がつきました。たいへん申し訳ありません。

■I'd like to apologize for this inconvenience.

☞ご迷惑をおかけしましたことをお詫びします。

> Thank you for changing our appointment on such short notice. I'd like to apologize for this inconvenience.
> たいへん急に約束時間を変更していただきありがとうございます。ご迷惑をかけましたことをお詫びします。

■I apologize if ....

☞もし…だとしたら、お詫びいたします。

> We would resort to layoffs only after applying a full range of other measures. I apologize if I did not make that clear.
> 他の対策をすべて講じた後に初めて一時解雇という手段を用いるつもりです。もしこのことを明確にしていなかったとすれば、お詫びいたします。

■I would like to extend my sincere apology for ....

☞…について心からお詫び申し上げます。

> I, too, am upset with the problems we've had with this order. I would like to extend my sincere apology for this mix-up.
> 私自身もこの注文に関する問題では、残念に思っています。混乱がありましたことを心からお詫び申し上げます。

■Please forgive me for ....

☞…したことをお許しください。

> Please forgive me for giving you some erroneous shipping information. I have verified these numbers, and I will guarantee them.
> 間違った出荷情報をお伝えしたことをお許しください。この数字は確認いたしましたので、間違いないことを保証します。

■... asked me to apologize to you.

☞…が、お詫びするよう、申しておりました。

> Mr. Abe asked me to apologize to you. He cannot be with us today due to an urgent personal matter, and he asks for your understanding.
> 阿部が、あなたに謝るように申しておりました。急な家庭の事情のため、今日はご一緒できません。ご理解を賜りたいと申しておりました。

> **I understand. It is quite all right.**
> 事情はわかりました。大丈夫です。
>
> **I accept your apology.**
> あなたの謝罪を受け入れます。

Situation

田中さんは、貿易商社のSimms & Brothers社の社長のシムズ氏と、電子機器の部品の販売に関して交渉中です。昨日まで交渉は順調に進んでいましたが、今日になってシムズ氏は、突然会社の財務上の都合でこれまでの合意事項を変更したいと言い出しました。田中さんは驚きましたが、冷静に対処します。変更は好ましくないけれども、多少のリスクを覚悟でこの商談を成立させたいのです。そこで謝罪を受け入れることにしました。

交渉例

Track
26

Simms: Mr. Tanaka, regrettably I must bring to your attention an embarrassing situation on my part concerning the wording in the draft of the contract we are presently working on.

Tanaka: Oh really? Are there some problems with it?

Simms: I think so. In our negotiations so far, we have agreed that the terms of credit would be shown as "Sight draft under an irrevocable credit." However, due to financial reasons, we must change this to read "Draft at 120 days after sight." I sincerely apologize for this.

Tanaka: **I understand. It is quite all right.** All we ask is that you bear the interest payments for that period.

Simms: Of course, Mr. Tanaka. We would certainly do that.

Tanaka: Well, that was simple enough, wasn't it?

Simms: Yes, but I'm afraid there is one more issue we need to look at again.

Tanaka: And what might that be?

Simms: Here again, we're talking about our recent financial situation. We would need to reduce the size of the order to 500 units for the first year. One thing we failed to tell you was that recently we were forced to ask creditors to extend maturing export bills. We had to do this as an attempt to finance our working capital. We didn't inform you of this because we thought our plan would generate the needed cash to increase our purchasing power. The plan backfired, and as a result we cannot purchase the original 700 units we were negotiating for. I hope you will forgive us and consider our new request favorably. I am terribly sorry, Mr. Tanaka.

Tanaka: Well, Mr. Simms, this does come as quite a surprise. It certainly would have been better if you had been up-front with us about this issue from the start. However, I realize that things like this can unexpectedly happen, and we are truly interested in a mutually beneficial business relationship. So, **I accept your apology,** and suggest that we get started on revising the contract as quickly as possible.

シ ム ズ：田中さん、申し訳ないのですが、現在作業中の契約書草案の文言に関して、困った状況があることをお話ししなければなりません。

田　　中：えっ、そうですか。何か問題があるのですか。

シ ム ズ：そのようです。これまでの交渉で、信用状の条件を「取消し不能信用状の下で一覧払為替手形にて」とすることで合意しました。しかし、財務的な理由から、これを「一覧後１２０日払いの手形」と変更していただかなくてはならなくなりました。心からお詫びいたします。

田　　中：ご事情はわかりました。それで結構です。こちらでお願いするのは、その期間の金利はご負担いただきたいということだけです。

シ ム ズ：もちろんです、田中さん。確かにそのようにいたします。

田　　中：ということで、今の件は簡単にすみましたね。

シ ム ズ：ええ。しかし、じつはもう１つ再検討しなければならない問題があるのです。

田　　中：さて、それはいったいどんなことですか。

シ ム ズ：また私どもの財務状況の話になりますが、初年度については発注量を５００個に減らさなければなりません。御社にお知らせしていなかったのですが、当社は債権者に満期になった輸出手形の延長をお願いしなければならない状況になってしまったのです。運転資金をまかなうためです。この計画が仕入れのための十分な資金をもたらすと考えていたので、このことはお知らせしませんでした。しかし計画は裏目に出て、最初に話した７００個を購入することができなくなりました。どうかこのことをお許しいただき、当社の新しい要望を、前向きに検討してくださるようお願いします。田中さん、本当に申し訳ありません。

田　　中：いやこれは、シムズさん、たいへん驚きました。この問題について最初からわれわれに率直にお話しいただいたほうがずっとよかったかもしれません。しかし、このようなことが予期せずに起こるものだということも理解できます。当社は相互に有益な取引関係を築くことに強い関心を持っています。ですので、あなたの謝罪を受け入れます。そしてできるだけ速やかに、契約書の変更作業を始めることを提案いたします。

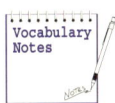
Vocabulary
Notes

- regrettably
　　　残念ながら、遺憾ながら
- bring ... to 〜's attention
　　　…を〜の目に留める
- embarrassing　　　間の悪い
- draft　　　草稿、原稿
- so far　これまでのところでは
- credit　　　信用、信用状
- sight draft　一覧払為替手形
- irrevocable credit
　　　取消し不能信用状
- draft at 120 days after sight
　　　一覧後120日払いの
- bear　　　負う、引き受ける
- And what might be?
　　　さて、それはいったい何ですか。
- creditor
　　　債権者、信用を供与する人、
　　　掛け売りをする人
- mature　　　満期日が来る
- export bill　　　輸出手形
- generate　　　生み出す
- working capital　　　運転資金
- backfire　　　裏目に出る
- up-front　率直な、正直な
- mutually　　　相互に

POINT

表現を使い分けて適切なニュアンスを伝えることが重要

　謝罪を受け入れるとき、"It's all right." だけだと、何の問題もなくよろこんで受け入れるのか、それともさまざまな得失を考慮の上、受け入れるのか、というような細かなニュアンスが相手に伝わりません。重大な問題だが相手の謝罪を受け入れるという場合は、そのニュアンスを適切に伝えることによって、相手に対して交渉上有利な立場に立つことができます。その意味では、"I accept your apology."、"Let's put that behind us."、"Apology accepted."、"It's over and done with."、そして "Don't give it a second thought." なども、状況に応じてすぐ口から出るように覚えておきたいものです。なお、Don't give it a second thought. というのは、「それをくよくよと考えないでください」という意味から、「いいから忘れてください」というニュアンスで使われるようになりました。

Useful Expressions

■Please don't worry about it.

☞ご心配なく。

> A : I forgot to include the brochure of our new cellular phones with the document I sent you.
>
> B : Please don't worry about it. You can bring it with you the next time you come to my office.
>
> A : お送りした書類に新型携帯電話のパンフレットを入れるのを忘れてしまいました。
>
> B : ご心配なく。こんど来社されるときにお持ちください。

■No harm done.

☞実害はありません。

A : I failed to mention that the data transmission is through public lines rather than through dedicated circuits.

B : No harm done. We can accept that.

A : データ送信は専用回線経由ではなく公共回線経由だということを言い忘れていました。

B : 実害はありません。承諾いたします。

■There's no need to be concerned about that.

☞ご心配には及びません。

A : I overlooked your president when I invited your management staff for a tour of our plant. I'm very sorry.

B : There's no need to be concerned about that. He's often too busy to attend such an activity.

A : 工場見学ツアーに御社の経営幹部を招待したとき、御社の社長のことをうっかり忘れていました。申し訳ありません。

B : ご心配には及びません。多くの場合、忙しすぎてそういったものには参加できませんから。

■That's not a problem.

☞問題ありません。

A : I'm sorry to say that in this morning's presentation, we omitted this step in the life cycle of our product.

B : You just explained the step well, so that's not a problem.

A : 今朝のプレゼンテーションで、当社の製品のライフサイクル中に、このステップを入れるのを忘れてしまいました。申し訳ありません。

B : そのステップについては、よく説明していただきましたので、問題ありません。

■Let's put that behind us.

☞その件については忘れましょう。

A : I'm afraid we erred in stating the terms of the long-term note. Actually, this note bears interest at the rate of 9% per annum and is due on September 30, 2010. I must apologize for this terrible mistake.

B : Well, that does change things a bit. At any rate, let's put that behind us.

I'll get back to you after our accountants examine that change. Now I'd like to move on to the issue of production.

A：長期手形の条件を間違えました。実際には、この手形は年率9%の利息がつき2010年の9月30日に満期がきます。ひどい間違いでした。お詫びしたいと思います。

B：そうですか、それでは話がちょっと違ってきます。ともかくそのことは忘れましょう。経理の人間に変更を検討させてから連絡します。それでは生産の問題に移りましょう。

■Apology accepted.

☞謝罪はお受けしました。

A : I want to apologize for not sending all the information you requested.

B : Apology accepted. By the way, can we take a look at some samples of your new fabrics which you were talking about last week?

A：御社からご請求のあった情報をすべてお送りしなかったことをお詫びします。

B：謝罪、お受けいたしました。ところで先週話していた新しい織物の見本を拝見できますか。

■It's over and done with.

☞もう過ぎてしまったことです。

A : I really should have sent you a fax as soon as I found out about the change. On top of that, we left two items off the estimate. I'm terribly sorry.

B : Things like that sometimes happen. It's over and done with. Now might be a good time to look at possible sales territories.

A：変更を見つけたとき、すぐにファクスを送るべきでした。その上、見積もりから2項目も落としてしまいました。本当にすみません。

B：そうしたことは時には起こるものです。もう過ぎてしまったことです。今は、販売地域について検討するよい頃合いかもしれません。

■Don't give it a second thought.

☞どうか、それは忘れてください。

A : I apologize for this late funding problem. Your additional financing for this part of the project is really appreciated. I feel we're indebted to your company, Mr. Tanaka.

B : Don't give it a second thought. We're committed to working with you in order to make this project a huge success.

A : この前の資金問題をお詫びします。プロジェクトのこの部分への御社の追加融資は本当に助かります。田中さん、御社のこと、恩に着ます。

B : いいから忘れてください。このプロジェクトを大いに成功させるために御社とともに一生懸命頑張るつもりです。

27 謝罪を拒否する
Declining an apology

That is very unfortunate, but nonetheless, it is also unacceptable.

それは非常に残念なことですが、だからといって受け入れられるものではありません。

In this situation, "sorry" is not good enough.

この状況では、「申し訳ない」ということばだけでは不十分です。

Situation

田中さんは、フランスのワイン業者デュボワ氏と高級ワインの輸入について交渉しています。先月、田中さんはデュボワ氏に十分確認をとった上で、1300ケースのワインを発注しました。しかしデュボワ氏によれば、その大半について品質上の問題が生じ、予定の数量を確保するのが難しいというのです。これは田中さんにとって絶対に受け入れられない話です。相手の謝罪を断固拒否して、当初の約束を守ってもらわなければなりません。

交渉例

Track
27

Du Bois: Before we proceed any further, I'd like to go back to the issue of the quantity of your order. I know we've discussed this at length last month, but I must say that we made a promise we could not keep. We now find that we cannot guarantee the shipment of the 1,300 cases of wine we agreed upon. I sincerely apologize for this failure on our part.

Tanaka: That is very unfortunate, but nonetheless, it is also

unacceptable. I must remind you that you and I covered the feasibility of this order in depth in order to reach an agreement which, by the way, was more satisfactory to your company than to mine. And, on this issue, I made more concessions than usual to settle those points where we were at odds.

Du Bois: Yes, that's true, but we feel this situation is beyond our control. We ask for your understanding in this matter.

Tanaka: Understanding? Mr. Du Bois, this causes a very big problem for us. What in the world happened?

Du Bois: Well, we discovered that the quality of the special wine which was to be sent to you was below acceptable standards due to an unforeseen problem with the filtration system. I regret to say that this affected the production of 900 cases of your wine.

Tanaka: 900 cases! That's over 70% of the order! This is terrible. So, exactly what can you ship us by next month?

Du Bois: Ah.... after closely examining the situation, I'd have to say that we can send you only 400 cases of the original order.

Tanaka: Mr. Du Bois. (Pausing) Let me put it in simple terms. We promised our buyers this wine. If we cannot deliver, they will permanently replace it with our competitor's product. Needless to say, this will have an extremely detrimental effect on our sales overall.

Du Bois: I realize that. Well, nothing can be done about the 900 cases of bad wine, but I can rush 100 cases to you within one week. Again, I'm very sorry.

Tanaka: **In this situation, "sorry" is not good enough.** Our biggest buyer is holding its annual sales promotion next month. We assured him we would provide 800 cases of this special wine. You've got to get the wine to us somehow.

Du Bois: My company has decided to buy a new filtration system immediately, so the best I can do is to ship the remaining 800 cases of this order two weeks late.

デュボワ：話を先に進める前に、ご注文いただいたワインの数量の問題に戻りたいと思います。この問題は先月時間をかけて話し合いましたが、守れない約束をしてしまったと申し上げなければなりません。1300ケースで合意しましたが、それを確実に出荷することは無理だということがわかりました。私どもの失敗を心からお詫びいたします。

田　中：それは大変残念なことですが、だからといって受け入れられるものではありません。思い出していただきたいのですが、あなたと私は、合意に達成できるように、この発注が実現可能なものなのか徹底的に話し合いましたね。そしてその合意も、私どもより御社にとって有利なものでした。そしてこの件では、対立点を解決するために、私はいつもより多く譲歩したのですよ。

デュボワ：ええ、そのとおりです。でも状況は、私たちの力の及ばないものです。この件につきましては、ご理解をお願いいたします。

田　中：理解ですって？ デュボワさん、このことは私どもにとって大変な問題になります。いったい何が起こったのですか。

デュボワ：出荷予定の高級ワインの品質が、ろ過システムの予期せぬ問題のため許容水準を下回りました。残念ですが、このため御社のワイン900ケースが影響を受けました。

田　中：900ケースですって！ 発注量の70%を超えるじゃないですか。それはひどいですよ。それで、正確なところ来月までに何を出荷していただけるのですか。

デュボワ：えーと、状況を詳しく検討しましたところ、最初のご注文のうち400ケースだけは出荷できます。

田　中：デュボワさん、……平たく言えばこういうことです。当社はバイヤーにこのワインを売る約束をしました。もし納品できないと、バイヤーは代わりにこれからずっと他社のワインを仕入れるでしょう。言うまでもありませんが、これは当社の販売全体に極めて悪い影響を与えます。

デュボワ：それは理解しております。そこで、だめなワイン900ケースについては何もできませんが、100ケースは大急ぎで1週間以内にお届けできます。本当に申し訳ありません。

田　中：この状況では、「申し訳ない」というのは十分ではありません。私どもの最大手のバイヤーは、来月、例年の販売促進キャンペーンを行う予定です。そのバイヤーには、この高級ワイン800ケースの供給を保証しました。なんとかしてワインを手に入れてくれないと困ります。

デュボワ：私どもは、新しいろ過システムを至急購入することを決めました。

ですので、私にできる最善のことは、残りの８００ケースを２週間遅れで出荷することです。

●proceed	前進する、続ける	●at odds	相反する
●at length		●beyond one's control	
	時間をかけて、徹底的に		力の及ばない
●guarantee	保証する	●What in the world happened?	
●failure	失敗、不首尾	一体全体何が起こったのですか。	
●unfortunate	残念な、遺憾な	●acceptable	受け入れられる
●nonetheless	それにもかかわらず	●unforeseen	予期しなかった
●unacceptable	受け入れられない	●filtration	ろ過
●feasibility	実現可能性	●detrimental	有害な
●in depth	徹底的に	●assure	保証する、約束する
●concession	譲歩		

POINT

状況によっては
謝罪を断固拒否することも必要

　英語での交渉になると、相手の謝罪をすぐ受け入れてしまう日本人が多いようです。しかし相手のミスのために重大な被害を受ける場合や、許すことのできない信義違反があった場合などには、相手の謝罪を断固拒否する必要があります。よくそのような場合に黙ってしまう人がいますが、それでは謝罪を拒否したことにはなりません。

　一般に謝罪を拒否するのは、交渉を決裂させてもよい場合か、あるいは本来あるべき状態に事態を戻したいという場合です。後者の場合には、その方向に誘導するような表現を使う必要があります。そのためには、まず謝罪を受け入れないことを明言し、次に受け入れない理由を述べ、そして事態打開のために何をしてほしいのかを相手に告げます。

　なお謝罪を拒否するときは、感情的にならないように注意します。あくまでも冷静に、しかしはっきりと、その旨伝えます。

Useful Expressions

■I cannot take this matter lightly.

☞この件を軽く扱うことはできません。

A : I'm sorry that we forgot to include the plastic retainers inside each unit. I realize this would have prevented the damage.

B : I cannot take this matter lightly. The time lost in replacing the units has an adverse effect on the completion of this project.

A : 各装置の中にプラスチック製の保持器を入れるのを忘れてしまい、申し訳ありません。入れておけば損傷を防ぐことができたと思います。

B : この件を軽く扱うことはできません。装置交換のために失った時間は、プロジェクトの完成にマイナスの影響を与えるからです。

■That's easy to say, but it doesn't solve the problem.

☞それを言うのは簡単ですが、それでは問題の解決にはなりません。

A : We were going to repair the machines immediately, but we didn't have enough spare parts. I'm very sorry about that.

B : That's easy to say, but it doesn't solve the problem. It looks like your company needs to improve its inventory management.

A : ただちに機械を修理するつもりでしたが、予備の部品が足りませんでした。まことに申し訳ありません。

B : 謝るのは簡単ですが、それでは問題の解決にはなりません。御社は在庫管理を改善する必要があるようですね。

■Rather than an apology, I want to hear how you intend to rectify the situation.

☞謝罪のことばより、どのようにしてこの状況を正すつもりなのかお聞きしたいのです。

A : I'm sorry that you've had so many problems with our computers.

B : Rather than an apology, I want to hear how you intend to rectify the situation.

> A：当社のコンピュータがいろいろな問題を起こしてしまい、申し訳ありません。
> B：謝罪のことばより、どのようにこの状況を正すつもりなのかお聞きしたいのです。

■Your apology does very little to help us out of this predicament.

☞謝っていただいても、この苦境を抜け出す助けにはなりません。

> A：We have some new people in shipping, and they apparently mixed up a few orders. We regret the inconvenience this has caused you.
> B：Your apology does very little to help us out of this predicament.
> A：出荷係に配属された新人が、注文を取り違えたようです。ご不便をおかけして申し訳ありません。
> B：謝っていただいても、この苦境を抜け出す助けにはなりません。

■As you know, an apology does not release you from the penalty clause.

☞ご存知のように、謝罪のことばをいただいても、御社は罰則条項から逃れることはできません。

> A：We should have asked for a guarantee of solvency from the contractor that went out of business. Now the construction of the plant will not be finished on time. We truly apologize for that.
> B：As you know, an apology does not release you from the penalty clause.
> A：倒産した下請け業者から弁済の保証をもらっておくべきでした。これで工場の建設は予定どおりに終了できなくなりました。本当に申し訳ありません。
> B：ご存知のように、謝罪のことばをいただいても、御社は罰則条項から逃れることはできませんよ。

■Attention to detail, not an apology, is what is required here.

☞謝罪のことばより、ここで必要なのは細部への注意です。

> A：I admit that my company did not look into the patent and copyright regulations very carefully. We must apologize for that.
> B：Attention to detail, not an apology, is what is required here.

A：当社が特許と著作権に関する法律を十分注意深く検討しなかったことを認めます。謝罪しなければなりません。

B：謝罪への配慮より、細部への注意がこの際必要です。

Coffee Break　eメールにご注意

eメールは気軽に書け、封筒や切手も不要。世界のどこにでも瞬時に送ることができ、また同時に複数の人に送ることもできます。電子書類なら添付も可能で、受け取ったメールを転送することもできます。このように便利な道具は大いに活用したいものです。上手に使うと社内会議の数を大幅に減らすことも可能です。

しかしよいことばかりではありません。今のところ、よほど優れた暗号でも使わないかぎり秘密の保持は難しいようです。合併などの大事な交渉のための機密情報は、絶対にeメールで送ってはいけません。またeメールは、正式なビジネスレターと比べると、証拠能力にも欠けています。重要な事柄の確認は、やはりきちんと署名したレターで行いましょう。

もう1つ大事なことがあります。eメールでは相手が見えないので、微妙なニュアンスが伝わらないことがあるのです。直接相手に会っていると、お互いの表情、声の調子、しぐさ、ジェスチャーなどが微妙なニュアンスの伝達を可能にします。しかし、eメールでは、たとえば、気楽に情報の提供を依頼したつもりでも、相手がそれを高圧的な依頼と受け取る可能性は十分に考えられます。

また、eメールはあまりにも便利なので、本来なら手紙を書くべきところを、メールで済ましてしまう危険性もあります。お礼、お祝い、お悔やみなどは、本来心のこもった手紙で伝えるのが礼儀にかなっているでしょう。

28 交渉をまとめる
Making a deal

Can we summarize the points we've agreed on?
合意した点を要約しませんか。

We look forward to a very successful partnership.
実り多い協力関係となりますことを楽しみにしています。

Situation

田中さんは、電子部品メーカーであるSynchroTech社の代表ヤング氏との合弁事業交渉を最終的にまとめる段階に入りました。交渉を完結させる前に、これまで話し合われたすべての項目について、双方が明確に同じ理解をしているかどうか確認したいと田中さんは考えています。また交渉の最後は、前向きの発言で締めくくるつもりです。

交渉例

Track
28

Tanaka: Well, it looks like we've taken care of almost everything. **Can we summarize the points we've agreed on?**

Young: Certainly. My company will hold a 60% stake in this joint venture, with your company holding 40%. Concerning product development, we will work jointly, with both of our companies developing and testing a prototype. My company will be responsible for utilizing the findings of the marketing survey to draw up a marketing plan. Lastly, as for the composition of the Board of Directors, we agreed that it should reflect the ratio of ownership, thus there would three from our company and two from yours.

Tanaka: That is correct. And I'm proud to tell you that my company has been reinventing itself by shedding lackluster businesses and buying new ones. Top management has recently been judging all its operations on profits, not just sales.

Young: We too feel that's the right direction in which to move. Considering all we've worked on in our negotiations over the past six months, this venture is shaping up to be a win-win situation.

Tanaka: It certainly is. Furthermore, through this venture, we will be encouraged to cross-sell, which will help profits to grow tremendously. We will now be able to share the cost of various functions, such as processing the payroll, and we can use combined clout to purchase items like insurance.

Young: Right. I think we've covered the major points. We can discuss contract renegotiations sometime in the near future. Mr. Tanaka, my company is looking forward to working with yours.

Tanaka: The feeling is mutual. **We look forward to a very successful partnership.**

田　中：さて、ほとんどすべての項目をカバーしたようですね。合意した点を要約しませんか。

ヤ ン グ：もちろんいいですとも。当社が合弁事業の60％、御社が40％を所有します。製品開発については、両社が共同でこれに当たり、また共に試作品の開発とテストを行います。当社が、マーケティング調査の結果を生かしてマーケティング・プランの作成を担当します。最後に、取締役会の構成については株式保有比率を反映させることとしました。したがって当社から3人、御社から2人の取締役を出すことになります。

田　中：そのとおりです。ところで、当社は精彩を欠く部門を手放し、新しいビジネスを取得することにより自らを再構築してきました。このことを私は誇りをもってお伝えしたいと思います。また当社のトップは、最近ではすべての事業を、単に売上高だけではなく利益によって判断しています。

ヤ ン グ：私たちもそれが正しい方向だと思います。この半年間交渉してきた
ことをすべて考え合わせますと、この事業はウィンウィンの状態に
なってきていますね。

田　　中：本当にそうですね。さらに、この事業を通じて商品の相互販売の気
運が高まるでしょう。そうすれば利益が飛躍的に伸びることになり
ますね。またこれからは、たとえば給与支払業務など、各部門の経
費を共有することができます。保険の購入などにも力を合わせて対
処できますね。

ヤ ン グ：そうです。これで主要な点はカバーしたと思います。近い将来、契
約の再交渉について話し合えるでしょう。田中さん、私たちは御社
と一緒に仕事ができることを楽しみにしています。

田　　中：私どもも同じ気持ちです。実り多い協力関係となりますことを楽し
みにしています。

●summarize	要約する	●lackluster	精彩のない
●stake	利害関係、関わり合い	●shape up	ある形に落ち着く
●prototype	試作品	●cross-sell	相互販売をする
●reinvent	徹底的に作り直す	●clout	強い影響力
●shed	捨てる		

POINT

交渉をまとめる際には
合意点を確認する

　交渉をまとめるときには、これまで合意した重要ポイントを要約して、
お互いの理解に間違いがないか確認する必要があります。「要約する」は
summarizeということばを使います。また「おさらいをする」というニ
ュアンスのことばを使いたければreviewが適切です。ただしreviewを使
うと、再検討する余地があることになります。状況によって使い分けてく
ださい。

交渉がまとまった場合は、前向きの発言で締めくくる

　交渉がうまくまとまったときは、最後に感謝のことばを述べたり、相手をほめたり、あるいは両社の将来の繁栄を願うといった前向きの発言で締めくくります。なお、スキットの例では、ヤング氏が、"Mr. Tanaka, my company is looking forward to working with yours." と言っていますが、このようにlook forward toのあとには、動詞ではなく、動名詞か名詞が来ます。look forward to *work* with youとはならないことに注意してください。

Useful Expressions

■I'd like to review the progress we've made.
☞交渉の進展について、おさらいしたいと思います。

> We've certainly covered a lot of ground in these negotiations. At this point, I'd like to review the progress we've made.
> この交渉ではじつに多くの問題について話しました。この時点で交渉の進展についておさらいしたいと思います。

■So, the final step is ....
☞最後にすべきことは…です。

A : That completes all of the shipping details.
B : Yes, it does. So, the final step is for both of us to examine the latest draft of the contract before we meet next Wednesday.
A : これで出荷の詳細についての話は、すべて完了しました。
B : ええ、そうですね。ですので、最後にすべきことは、次の水曜日に会う前に、私たち双方が契約書の最新の草案を検討することです。

■Negotiations have been very productive. Thank you very much.
☞交渉はとても生産的でした。ありがとうございました。

Well, we've finished earlier than expected. Negotiations have been very productive. Thank you very much, Mr. Cox.

さて、思ったよりも早く終わりましたね。交渉はとても生産的でした。ありがとうございました、コックスさん。

■I am very happy for this wonderful opportunity.
☞この素晴らしい機会を得られて、たいへん満足しています。

A : Now that your company and mine will be combining resources for this project, it will provide more latitude in our strategies than before.

B : It sure will. I am very happy for this wonderful opportunity.

A : 御社と当社がこのプロジェクトのために経営資源を一体化することになったので、これまでよりも戦略の幅が広がりますね。

B : そのとおりです。この素晴らしい機会が得られて、たいへん満足しています。

■It has been a pleasure doing business with you.
☞ご一緒に仕事ができてうれしかったです。

A : So Mr. Tanaka, I guess you're looking forward to returning to Japan tomorrow. You've been very busy here for the past 10 days.

B : Indeed I have, but you have truly made this a most enjoyable trip for me. It has been a pleasure doing business with you. Let's keep in touch.

A : それでは、田中さん、明日日本に帰ることを楽しみにしておられるのではないですか。この10日間、こちらではとてもお忙しかったから。

B : じつに忙しかったですね。でもあなたのおかげで本当にこの出張がとても楽しいものになりました。ご一緒に仕事ができてうれしかったです。また連絡を取り合いましょう。

29 交渉を打ち切る
Breaking off negotiations

Unfortunately, we appear to be unable to settle our differences.
残念ながら、われわれは相違点を埋められなかったようです。

It's a pity we couldn't reach an agreement this time.
今回、合意に達することができなかったのは残念です。

Situation

E-Z Softway社のザック氏は、田中さんの会社のコンピュータシステム用データ保存装置にたいへん関心を持ち、それを購入することを検討してきました。ザック氏は、当初この取引にかなりの熱意を示していましたが、田中さんが示した取引条件を検討した結果、購入は時期尚早かもしれないと思いはじめたようです。田中さんは、自社の製品がザック氏の会社にとって、今すぐにではないにせよ、将来的に価値あるものだということを説得したいところです。しかし、もし交渉が最終的に不調に終わる場合には、適切な表現を使って交渉の扉が将来も開かれていることを示したいと思っています。

交渉例

Track
29

Zack: We've examined your new data storage device, and I'm sorry to say that, for the price you're asking, it wouldn't be a good purchase for us.

Tanaka: But our system is able to retrieve data up to 10 times faster than similar equipment. May I remind you that each of our specialized servers can handle 75 times as many simultaneous connections as its rivals, and has 20 times the capacity of any of our competitor's products. If you are willing to make some concessions on the other issues we discussed earlier, we may be able to still make a deal.

Zack: I'm afraid that's just not possible, Mr. Tanaka. You see, purchasing such a new system at a price we're not comfortable with creates a risk which we are not willing to take.

Tanaka: Mr. Zack, I've done everything I could to give you a fair price. **Unfortunately, we appear to be unable to settle our differences.** Also, I think I've explained many times how we can tailor the system to meet your needs.

Zack: That's the problem, Mr. Tanaka—it doesn't completely meet our needs. We have found that your product will not directly translate into real-world advantages in our company's data storage applications.

Tanaka: I'm sorry to hear that, especially when you seemed to be so optimistic at the start of our negotiations. I'm afraid that your company is going to miss out on a real technological breakthrough.

Zack: Maybe so, but the bottom line is that, at a time like this, we cannot experiment with companies that do not have a track record with a new product.

Tanaka: Well, I think we're at an impasse, so I'd have to say this looks like a dead issue. **It's a pity we couldn't reach an agreement this time.**

ザ ッ ク：御社の新型データ保存装置を検討いたしましたが、要求された値段では、残念ながら当社にとってよい買い物とは申せません。

田　　中：でも同種の装置と比べると１０倍の速度でデータを取り出せるのですよ。また私どもの特殊なサーバは、どれも他社製品の７５倍もの同時接続をこなす能力があります。そしてデータ収容能力も２０倍です。もし以前お話しした他の件で譲歩されるつもりがあるのでしたら、まだ取引の余地があるかと思います。

ザック：残念ですが、田中さん、その可能性はまったくありません。おわかりのように、そのような新しいシステムを、納得のいかない値段で購入することにはリスクが伴います。当社がよろこんで引き受けることのできないリスクです。

田　中：ザックさん、御社に公正な値段を提供するために、私はできるかぎりのことをしました。残念ながら、私たちは相違点を埋めることができないようです。またシステムをいかにして御社のニーズに合わせることができるか、何度もご説明したことと思います。

ザック：それが問題なのですよ、田中さん。私どものニーズには完全に対応しないのです。御社の製品は、私どものデータ保存用ソフトの現実的なメリットに直接つながらないのです。

田　中：それは残念です。特に交渉の当初、御社がたいへん楽観的であったことを思えば残念です。本当に飛躍的な技術発展を、御社はみすみす見逃すことになるのではないかと危惧します。

ザック：そうかもしれません。でも、とどのつまりは、このような時期に、取引実績のない会社と新製品について取引をするという実験的なことはできないのです。

田　中：さて、行き詰まりですね。この件は没になったと言わざるをえません。今回、合意に達することができなかったのは残念です。

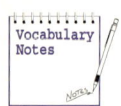

●retrieve data	データを検索する	●optimistic　　楽観的な
●simultaneous	同時の	●breakthrough　前進、発展
●concession	譲歩	●experiment　実験をする
●tailor		●track record　　　実績
（相手の要求などに）合わせる		●impasse　　行き詰まり
●translate		
（結果として）…になる		

POINT

交渉を中止するときは、ていねいに、しかしはっきりと伝える

　交渉を中止する場合は、その旨をていねいに、しかしはっきりと相手に言わなければなりません。日本風に語尾を濁して、あとは相手に察してもらうというスタイルは、国際交渉の場では不適切です。ていねいに言うには、やや間接的な表現を使います。たとえば "We can't settle our differences." と言うよりも、"We appear to be unable to settle our differences." のほうがていねいな言い方になります。また "Unfortunately..." や "It's a pity ..." などの緩和表現を加えるようにするとよいでしょう。

this timeを上手に使って、将来に含みを残す

　ビジネス交渉の場合、同じ相手と将来再び取引交渉をすることが考えられます。ですので、交渉決裂の場合でも、感情的になることなく冷静にその旨伝えるようにしましょう。その場合、「今回は残念です」という意味合いを伝えることが大事です。this timeという表現をうまく使うようにしましょう。そうすることにより、将来の交渉の扉は開かれているというニュアンスが相手に伝わります。

Useful Expressions

■Am I right in thinking that we will not be able to make a deal?

☞取引することができないと考えて、間違いありませんか。

> It is quite clear that you are unwilling to budge on these two issues. Am I right in thinking that we will not be able to make a deal?
> この2点について御社が意見を変えるつもりのないことは明白です。お取引することはできないと考えて、間違いないですか。

■I think we've gone as far as we can.

☞これ以上話し合う余地はないと思います。

> There's absolutely no way I can give you a 15% discount and pay for shipping. Since you're not willing to compromise, I think we've gone as far as we can.
>
> 15％割引して、その上輸送費も持つなんて、そんなことは絶対にできません。御社は歩み寄る気持ちがないのですから、これ以上話し合う余地はないと思います。

■It's foolish for us to continue negotiations which are unproductive.

☞これ以上非生産的な交渉を続けるのは、ばかげています。

> Throughout these sessions, you have remained unwilling to agree to pay by a letter of credit. You also refuse to accept the minimum order we recommended in order for you to receive the desired price. It's foolish for us to continue negotiations which are unproductive.
>
> これまでの会談をとおして、御社は信用状での支払いに合意することをしぶってきました。またご希望の値段にするためにお勧めした最低注文数の受け入れも拒まれています。これ以上非生産的な交渉を続けることは、ばかげています。

■I'm sorry, but I don't think we are going to agree to a deal.

☞残念ですが、合意することはできないと思います。

> You may feel that this is not very important, but for us it is a crucial issue. Your company does not want to cooperate with us in this matter. We see this move as undermining the whole project. I'm sorry, but I don't think we are going to agree to a deal.
>
> たいしたことではないと思われるかもしれませんが、当社にとってこれは死活問題です。御社には、この件で私どもに協力するつもりはありませんね。このことが、プロジェクト全体をダメにしていると考えています。残念ですが、合意することはできません。

186

■It would be better if we looked for an independent aritrator.

☞独立仲裁人を探したほうがよいでしょう。

A : It's almost impossible for us to compete with products made in developing countries. If we are to keep our partnership, you must control your customers and keep them outside our territory.

B : There is no way I can do that. I'm quite certain that could be illegal under the anti-trust law. We've attempted to negotiate this issue for weeks. It would be better if we looked for an independent arbitrator.

A : 発展途上国の製品と競争することはほぼ不可能です。もし私どもと取引関係を続けるのであれば、御社の顧客を管理して私どもの地域から締め出してもらわなければなりません。

B : 私にそのようなことはできません。独占禁止法の下では、それは間違いなく違法でしょう。この件の交渉に何週間もかかっています。独立仲裁人を探したほうがよいでしょう。

第3章

ビジネス交渉
ケーススタディ

1 予算折衡
Budget negotiation

Situation

田中さんは、会社の経理部長スミス氏と予算配分の件で話しています。経理部に提出した田中さんの部の予算が、驚いたことに10%削られてしまいました。スミス氏は、他の部の予算も同じように10%削られたと言います。田中さんはマーケティング部の部長として、そのような不合理な予算カットに強く抗議しなければならない、と決意しました。

交渉例

Track **30**

Smith: I'm afraid I have to cut your proposed budget by 10%, Mr. Tanaka.

Tanaka: You must be joking, Mr. Smith. We definitely need the full budget amount. Every cent of it!

Smith: I wish I were, Mr. Tanaka. But cost cutting is the name of the game now. We're cutting proposed budget figures by 10% across the board.

一律10%の削減を聞かされた田中さんは、その不合理さに内心腹を立てますが、まずは理由を聞かなければならないと思います。これは部に帰って部員に説明するときにも必要な情報となります。自分が代表するグループへの伝達も交渉者の重要な仕事です。

Tanaka: That's unreasonable, Mr. Smith. You must explain the reason why.

Smith: It's the decision of Mr. Robbins, our president. He said there will be a 10% reduction and that's it.

Tanaka: And everybody is getting hit?

Smith: That's right. With the economy as it is, cost reduction is the order of the day.

スミスさんは一律カットは社長命令で行うのであり、またその理由は不況にあると田中さんに説明しました。田中さんは、一般的な経費削減ということであれば理解できるのですが、一律カットには納得できません。マーケティング費用はビジネス上必要だと思っているので、この角度からスミスさんを説得して方針の変更を勝ち取りたいと考えます。

Tanaka: I can understand that as a general policy, but I just don't understand why we're implementing an across-the-board reduction. You see, our budget is designed for earning a profit. If you cut down on our marketing expenses, we cannot expect to sell enough of our products.

Smith: I know what you mean, but everybody feels the same way. That's why we're implementing this across-the-board thing.

スミスさんは、田中さんの言うことはわかるが、他の部でも同じように自分のところの費用は必要だと思っているから一律にカットするのだ、と田中さんに伝えます。田中さんは、他の部と違ってマーケティング部は会社の大黒柱なので、その経費を減らすと会社のためによくないと信じています。この点を主張して、なんとか社長に考え直してもらうよう、スミスさんから説得してもらおうと決心しました。

Tanaka: I still don't think it's wise. Where there's no investment, there's no return. Personally, I believe we should spend more on advertising so people would know our products better.

Smith: But our budget fund is limited, Mr. Tanaka.

Tanaka: I know, but I think this is extremely important for the business of this company. Would you please talk to Mr. Robbins and tell him how I feel about this?

スミスさんは、社長に話すことを承諾してもよいと思いましたが、その交渉材料として、マーケティング部でも削れる経費は削ると社長に言いたいと考え、この点を田中さんと交渉することにしました。

Smith: If you really want me to, I'll give it a try. But there must be some expenses you can cut down. Please itemize such expenses so that I can tell Mr. Robbins what can be streamlined and what can't.

> 田中さんは、大局を考えてスミスさんに協力する戦略をとることにします。さらにスミスさんが社長に話しやすいように資料を作成することを申し出ようと思います。スミスさんが抱え込むことになる問題を、少しでも協力して解決する作戦です。

Tanaka: I sure will. I'll also make a list of major benefits expected from our new advertising program, which will assist you when you talk with him.

Smith: That'll certainly be helpful.

Tanaka: All right, I'll make the list and get back to you at three this afternoon. Would that be all right?

Smith: Certainly. I'll see you then.

> この例では、田中さんはまずスミスさんの話をよく聞いて問題点を分析しました。そして一律方式の経費削減を行うことのデメリットを説きました。また経理部長で予算の責任者であるスミスさんの立場も理解し、スミスさんが社長を説得しやすいように、資料面で協力することを申し出て、スミスさんを味方にすることに成功しました。

訳

ス ミ ス：田中さん、申し訳ないですが、あなたの予算原案は１０％削らせていただきました。

田　　中：ご冗談でしょう、スミスさん。予算は絶対に全額必要です。１セントたりとも欠けては困ります。

ス ミ ス：冗談だといいのですがそうではありません、田中さん。今は経費削減が最重要課題なのです。予算案を一律に１０％削減しているのです。

田　中：スミスさん、それは理屈に合いません。どうしてなのか理由を説明してください。

ス ミ ス：社長のロビンズさんが決めたことです。社長が１０％削るように言って、それで万事休すです。

田　中：それで、みんなやられたわけですか。

ス ミ ス：そのとおりです。景気がこの調子ですから、経費削減は時代の流れです。

田　中：それは一般的な方針としては理解できますが、一律に削減というのはまったく理解できません。私たちの予算は利益を稼ぎ出すためのものだということはおわかりでしょう。マーケティング費を削れば、製品をまともに販売できませんよ。

ス ミ ス：おっしゃることはよくわかりますが、だれもがそう思っているのです。だから、一律方式で実施しようとしているのです。

田　中：それでも私には、それが賢明なやり方だとは思えません。投資しないところに収益はありえません。個人的には、広告費を増やすべきだと思います。それによって、製品を人びとにもっと知ってもらうことができます。

ス ミ ス：でも田中さん、当社の予算の原資は限られているのです。

田　中：存じています。でもこのことはわが社のビジネスにとって極めて重大な問題です。ロビンズさんと話して、私がこの件でどのように考えているか伝えていただけますか。

ス ミ ス：もし、どうしても、と言うのであればやってみます。でもあなたの部で減らすことのできる経費も何かあるはずです。そのような経費のリストを作っていただけますか。そうすれば社長に何が減らせて、何が減らせないか説明することができます。

田　　中：ぜひ作りましょう。それと、新しい宣伝計画の主なメリットをリストにします。そうすれば社長とお話になるときの参考になると思います。

ス ミ ス：それはとても助かります。

田　　中：それではリストを作って今日の午後3時に連絡します。それでよろしいですか。

ス ミ ス：もちろんです。それではそのときまた。

Vocabulary Notes

- budget　　　　　　　　　　　　予算
- You must be joking.
　　　　　　　　　ご冗談でしょう。
- cost cutting　　　　　経費削減
- the name of the game　　最重要点
- across-the-board
　　　　（会社などで）一律に
- unreasonable　　　　　不合理な

- With the economy as it is
　　景気が現在のような状態なので
- the order of the day
　　　　　　世間の風潮、動向
- implement　　　　　　実施する
- streamline
　　　　合理化する、簡素化する

2 売買契約交渉
Sales negotiation

Situation

田中さんは、自社が取り扱っている小型音響用スピーカーを輸出すべく、アメリカの大手オーディオ販売業者Super-Sound Lab社の副社長マーティン氏と交渉しています。商品の特徴をマーティン氏によく理解してもらった上で、価格、支払方法、納期、輸送方法、梱包、製品保証、クレーム処理の方法などについて交渉を進めていくつもりです。

交渉例

Track
31

Martin: I've examined your catalog and am much interested in your miniature speaker, Model A-103. How does that compare with other similar-size speakers on the market, Mr. Tanaka?

Tanaka: It's a matter of accuracy, I would say. Our tests for accuracy in an echo-free chamber have proved that Model A-103 reproduces a signal containing a spectrum of sounds from 50 hertz to 20,000 hertz with minimum distortion. Please take a look at these test data.

Martin: Impressive! It's amazing how a tiny speaker like this can achieve such a range. However, test data may not prove that the speaker can satisfy devout music listeners. You see, we have very many serious music lovers as customers.

Tanaka: How true! There's an old saying — "Seeing is believing." In this case, I'd like to change it to "Listening is believing." Why don't you come this way to our listening room?

田中さんは、商品の特徴から言って、基本的なデータを見てもらったあとは実物を聞いてもらうのが一番よいと考え、会社のリスニンググルームにマーティン氏を案内しました。ここで各種のスピーカーを聞き比べてもらい、A-103の優秀性をアピールしました。

Martin: I'm truly impressed, Mr. Tanaka. If I didn't see the speakers with my own eyes, I'd think the sound was coming from much larger speakers.

Tanaka: That's right. Of course, you need to move a large volume of air to produce full, thundering bass sounds. But modern technology has enabled us to achieve similar effects with much smaller speaker boxes.

Martin: I really like this model, Mr. Tanaka. Now, let us talk about the price. You were saying that the price was 800 dollars a piece on a CIF Los Angeles basis.

Tanaka: That's correct.

Martin: Although I admit that it's a great speaker, isn't it too high for such a tiny speaker?

マーティン氏は問題のスピーカーがたいへん気に入ったようで、試聴の間は終始笑みを浮かべていましたが、価格の話になると真剣な顔に戻りました。まず田中さんが前に示した1個800ドルという価格が、スピーカーの大きさを考えると高すぎるとジャブを放ちます。

Track
32

Tanaka: Well, Mr. Martin. In this case, the compactness of the speaker has a value of its own. You can put these speakers in a shelf meant for paperbacks. Or you can hang them on the wall or suspend them from the ceiling.

Martin: Yes, I know, but similar speakers on the market are sold for about 500 dollars a pair. By comparison, yours is much higher.

Tanaka: Don't forget about the sound quality of our speakers, Mr. Martin. Not many 800-dollar speakers sound as nice as ours regardless of their size, wouldn't you agree?

Martin: Yes, I do. It's just astounding.

Tanaka: So, unless you regard speakers as a piece of furniture, the smallness of A-103 can be a big selling point.

マーティン氏は、小さいのに高いと文句をつけましたが、田中さん
は逆に小さいことに価値があるという点を強調しました。大きさの
わりに高性能で、他社の800ドルのスピーカーよりも音質が優れて
いる点を、マーティン氏に納得させることに成功したようです。

Martin: I agree, Mr. Tanaka. Actually, in terms of the sound quality, your price is quite reasonable, I think. However, not many people in this country are familiar with your brand. I believe that a lower price would certainly help promote the sale of your speakers, I would think.

Tanaka: I'm not so sure if it's a good idea, Mr. Martin. It's true they don't know our brand very well now, but I'd think this will be a good opportunity for you to establish our brand in your market.

Martin: I'm listening.

Tanaka: Once you succeed in establishing a good brand image, you won't have to worry about reducing your retail price, so you can enjoy a comfortable profit margin.

Martin: Go on, please.

Tanaka: I've noticed that you have a very nice pen, Mr. Martin. You bought that because it was a good pen and a good brand to have, I presume. If it had been sold for a very competitive price like 10 dollars, you wouldn't have bought it, would you?

Martin: You've got a point there.

マーティン氏は、音質と価格の関係については納得しましたが、消
費者になじみのないブランドの商品を売るには、より安い価格が必
要だと反論してきました。しかし田中さんは、小売価格を下げるよ
りも、今は高級ブランドのイメージを確立するよい機会だとマーテ
ィン氏を説得します。

197

Tanaka: I'm glad you've seen my point. Actually, 800 dollars is our list price, and since we'd like to promote our product in this market, we can offer you a 5% discount on large orders of 10,000 units or more.

Martin: Very good, Mr. Tanaka. But, what would you say, if I promised to buy 60,000 units from you? Would you give us a 15% discount?

Tanaka: 60,000 units? Well, Mr. Martin, I'll have to check with our people in Japan before I answer that. How about a short break, now?

Martin: Good idea.

> マーティン氏に基本的な価格政策を納得してもらった田中さん、今度は販売促進のために数量割引を提案しました。1万個注文すれば5%割り引くというものです。ところがマーティン氏は6万個注文したら15%割り引いてくれないかと、逆提案してきました。思いもかけなかった数なので、田中さんは即答を避け、休憩を提案しました。

Track
33

Tanaka: Well, Mr. Martin, I have some good news for you. I talked with my people in Japan, and have confirmed that we can offer you a 15% discount on orders of 60,000 units or more.

Martin: That's great, Mr. Tanaka. I appreciate your effort on this.

Tanaka: So, the price will be 680 dollars CIF Los Angeles.

Martin: That's fine. Now, shall we talk about the terms of payment?

Tanaka: Certainly.

Martin: We'd like to pay you by bank remittance, if it is all right with you.

Tanaka: Well, since this is going to be our first transaction, we would prefer doing business on a letter of credit.

Martin: That's fine. Could we use The Bank of America?

Tanaka: No problem, Mr. Martin. We'll draw a draft at 60 days after sight.

Martin: That would suit us well.

> どうやら価格交渉は決着し、今度は支払条件の交渉になりました。マーティン氏は銀行送金で支払いたいと申し出ましたが、初めての取引になるので田中さんは信用状を主張します。もっともな主張なので、マーティン氏も受け入れました。

Martin: Suppose we place an order next week. When can we expect delivery?

Tanaka: Let me see... Well, we'll be able to ship your order early next month, so you should be able to receive the goods by the end of July.

Martin: Is there any way we can receive them earlier? We'd like to start our campaign before the summer season begins.

Tanaka: I'm afraid it's not possible. Honestly speaking, that's the best we can do with such a large order.

Martin: Well, I guess I have no choice, do I?

夏のシーズン前にキャンペーンを始めたいマーティン氏が、納期を早めることができないかと田中さんに交渉しました。田中さんとしては、できることならそうしたいところですが、注文量が多いのでそれ以上は早く納入できないと率直に告げます。

Martin: Could you tell me how you're going to pack the goods?

Tanaka: We'll pack them individually using a special packing material made of polyethylene and put them in cardboard boxes like this one.

Martin: That sounds good.

梱包に関しても問題なく交渉が進みました。次は製品の保証です。

Tanaka: Our product comes with a 3-year guarantee. I hope you'll find it satisfactory.

Martin: Is your guarantee good in this market only, or is it good in Canada as well?

Tanaka: It's a worldwide guarantee. Our product also comes with a user's manual in English, French, Spanish, Italian, German, Chinese, and Japanese.

Martin: That'll be very helpful.

田中さんは製品の保証について、全世界共通の3年保証が付いていることを説明し、また取扱説明書も7カ国語対応のものが付いてくることを強調しました。マーティン氏も満足そうです。

訳

マーティン: 御社のカタログを検討しましたところ、型番A‐103の超小型スピーカーにたいへん興味を持ちました。田中さん、これは市場に出回っている他の同様な大きさのスピーカーに比べてどのような点が優れていますか。

田　中: 正確さの問題ですね。当社の無反響室でのテストでは50ヘルツから2万ヘルツまでの音波のスペクトルをほとんど歪みなく再生しました。このテストデータをご覧ください。

マーティン: 素晴らしいですね。このような小さなスピーカーがそのような周波数を再生するとは驚きです。しかしテストデータでは、熱烈な音楽ファンが満足するものかどうかわかりません。

田　中: そのとおりです！「百聞は一見にしかず」と言いますが、私は「百見は一聴にしかず」と言い直したいですね。当社の試聴室までご足労ください。こちらです。

マーティン: 田中さん、本当に感心しました。自分の目でスピーカーを見ていなければ、もっと大きなスピーカーから音が出ていると思ってしまうでしょう。

田　中: そのとおりです。もちろん、大きな轟きわたるような低音を出すには、非常に大量の空気を動かす必要があります。しかし最新の技術が同様の効果をはるかに小さいスピーカーで出すことを可能にしたのです。

マーティン: このモデルが本当に気に入りましたよ、田中さん。それでは値段の話をしましょう。ロサンゼルス港までの運賃保険料込みで1個800ドルとおっしゃっていましたね。

田　中: そのとおりです。

マーティン: 素晴らしいスピーカーであることは認めますが、こんな小さなスピーカーにその値段は高すぎませんか。

田　　中：ですが、マーティンさん。この場合はスピーカーが小さいことに価値が
　　　　　あるのです。このスピーカーはペーパーバック用の本棚に収まります。
　　　　　好みによって、壁にかけることもできるし、天井からつるすことも可能
　　　　　です。

マーティン：そうですね、でも同じようなスピーカーは、市場では2個1組で500ド
　　　　　ルです。それに比べると御社のスピーカーはずっと高価です。

田　　中：当社のスピーカーの音質を忘れないでいただきたいですね、マーティンさ
　　　　　ん。大きさにかかわらず、当社のスピーカーと同じくらい良質の音を出す
　　　　　800ドルのスピーカーはほとんどありませんよ。そう思いませんか。

マーティン：そう思います。本当にびっくりします。

田　　中：ですので、スピーカーを家具として見るのでなければ、A-103の小さ
　　　　　さは、大きなセールスポイントにできます。

―――――――――――――――――――――

マーティン：おっしゃるとおりです、田中さん。実際、音質的にはその値段は納得の
　　　　　いくものです。でもこの国では御社のブランドを知っている人は多くあ
　　　　　りません。値段が安ければ、御社のスピーカーの販促はきっとしやすく
　　　　　なると思います。

田　　中：さあ、それはよい考えでしょうか、マーティンさん。確かに当社のブラ
　　　　　ンドは知られていません。でもこれは御社にとって、この市場で当社の
　　　　　ブランドを確立するよい機会だと思います。

マーティン：それで？

田　　中：いいブランド・イメージが確立できれば小売価格を下げる心配をする必
　　　　　要はなくなります。そうすれば満足できる利幅を得られます。

マーティン：どうぞ、続けてください。

田　　中：マーティンさん、とてもすてきなペンをお持ちですね。それがよいペン
　　　　　で、そしてよいブランドだったからこそ、そのペンをお買いになったと
　　　　　推測しますが、いかがでしょう。もしそれが10ドルといった競争価格
　　　　　で売られていたら、はたしてお買いになったでしょうか。

マーティン：おっしゃることには一理あります。

―――――――――――――――――――――

田　　中：おわかりいただけて、うれしく思います。実際には、800ドルは当社の定価です。この市場での販売を伸ばしたいので、1万個以上の大口の注文をいただければ5％の割引を提示できます。

マーティン：いいですね、田中さん。それでは6万個を御社から購入するとすればどうですか。15％の割引をいただけますか。

田　　中：6万個ですか。えーと、マーティンさん、それにお答えするには日本の本社の人間と相談しなければなりません。ここで短い休憩をとるというのはいかがですか。

マーティン：いいですね。

田　　中：マーティンさん、よいニュースです。本社の人間と話して、6万個以上の注文には15％の割引を提供できるということを確認しました。

マーティン：田中さん、それは素晴らしい。ご尽力を感謝します。

田　　中：それでは価格は、ロサンゼルス港までの運賃保険料込み価格で680ドルです。

マーティン：結構です。ではこれから支払条件を話し合いませんか。

田　　中：そうしましょう。

マーティン：もしよろしければ銀行送金でお支払いしたいと思います。

田　　中：いや、今回が最初の取引になりますので、当社としては信用状でお願いしたいと思います。

マーティン：結構です。バンク・オブ・アメリカを使ってよろしいですか。

田　　中：大丈夫です、マーティンさん。一覧後60日払いの手形を振り出します。

マーティン：それで結構です。

マーティン：来週発注すると仮定すると、いつ商品が届きますか。

田　　中：そうですね…。来月初旬には船積みできます。したがって、7月末にはお届けできるはずです。

マーティン：もっと早く受け取ることはできませんか。夏のシーズン前にキャンペーンを始めたいのですが。

田　　中：残念ですが、それは無理です。正直に申し上げて、大口のご注文ですので、7月末というのがわれわれにできるベストです。

マーティン：どうやら選択の余地はなさそうですね。

マーティン: 商品はどのように梱包するのですか。

田　中: ポリエチレン製の特別な梱包材で1個ずつ梱包して、このような段ボールの箱に入れます。

マーティン: よさそうですね。

田　中: 当社の製品には3年の保証が付いてきます。ご満足いただけると思います。

マーティン: 御社の保証はこの市場だけに有効ですか。それともカナダでも有効ですか。

田　中: 世界中で通用する保証です。それに当社の取扱説明書は、英語、フランス語、スペイン語、イタリア語、ドイツ語、中国語、そして日本語で書かれています。

マーティン: それはとても助かります。

Vocabulary Notes

●accuracy	正確さ	●furniture	家具
●echo-free chamber	無反響室	●selling point	セールスポイント
●reproduce	再生する	●I'm listening.	
●spectrum	音響スペクトル	聞いていますよ、続けてください。	
●distortion	歪み	●retail price	小売価格
●thundering		●profit margin	利幅
雷のように轟く、轟きわたる		●terms of payment	支払条件
●800 dollars a piece	1個800ドル	●bank remittance	銀行送金
●CIF Los Angeles		●transaction	取引
ロサンゼルス港までの運賃保険料込みの		●letter of credit	信用状
●suspend	つるす	●draw a draft	手形を振り出す
●regardless of ...		●at 60 days after sight	
…と関係なく、…にかかわらず		一覧後60日払いの	
●astounding		●polyethylene	ポリエチレン
びっくりさせるような		●cardboard	厚紙、段ボール
		●guarantee	保証

3 代理店契約交渉
Distributorship agreement

Situation

オーストラリアのオーディオ販売業者のクラーク氏が田中さんに会いに来ました。オーストラリアで、田中さんの会社が製造しているフェリシティー・ブランドのスピーカーの販売代理店になりたいというのです。どのような形態の代理店なのか、年間の最低購入金額はどの程度にするのか、販売地域と独占的販売権の問題はどうするのか、期間はどうするのか、契約の更新はどう決めるのかなど、交渉すべきことはたくさんあります。

交渉例

Track **34**

Clark: As I told you over the phone, we are much interested in dealing in the high-quality speakers you make, Mr. Tanaka. As you may know, we are one of the leading wholesalers of audio equipment based in Melbourne with branches all over Australia.

Tanaka: Yes, I know your firm very well, but we've never had the pleasure of doing business with you.

Clark: That's right. That's why I've come to talk to you today, Mr. Tanaka. I've been wondering if you are represented in Australia in some way or other.

Tanaka: No, not yet. Actually, we're thinking of doing a market study there in the future.

Clark: Well, Mr. Tanaka, we are quite sure there is reasonably big potential for your line of speakers in our market, and we'd like to offer our services as your distributor.

Tanaka: How big, do you think, is that potential?

Clark: Please take a look at these figures. These are the findings of the research we did last month. Don't you think they look promising?

Tanaka: Hmm... I'll say.

市場調査をしたところ、オーストラリアには田中さんの会社のスピーカーについて潜在的な需要があるとクラーク氏は言います。田中さんは、いったいどのくらいの潜在需要があるのか聞きました。見せてもらった数字は、田中さんが以前から考えていた線を裏付けるような数字です。積極的に交渉を続けることにしました。

Tanaka: Could I clarify a point you made?

Clark: Certainly.

Tanaka: You would like to be a distributor buying our products on your own account and selling them at your own risk, rather than an agent selling our products on a commission basis, right?

Clark: That's correct. We first thought about offering our services to you as an agent on a commission basis, but judging from the findings of our market research, we've come to think that becoming a distributor for your products would be more profitable for us.

Tanaka: That's good to know.

代理店になりたいというクラーク氏の申し込みですが、どのような意味での代理店なのか、交渉を続けるに先立って明らかにしておく必要があります。そこで田中さんは、クラークさんの言う代理店が、手数料ベースで商品を扱うだけの代理店なのか、自社のリスクで商品を買い取り、それを販売する販売代理店なのかを聞きました。

Clark: The prices and the discount scheme you just presented to me are quite satisfactory, Mr. Tanaka. Also, I don't see any problem with your shipping arrangement. By the way, is there any minimum amount to be purchased annually?

Tanaka: Yes, we'd like you to buy at least one-million-U.S.-dollars worth of our products.

Clark: Well, that depends on what kind of distributorship we can get from you.

Tanaka: Which means?

Clark: We'd like to obtain an exclusive right to distribute all of your Felicity brand speakers in Australia and New Zealand. If we can get that agreement, I'm quite sure we can meet your minimum purchase amount.

Tanaka: Well, Mr. Clark, unfortunately, we have an exclusive agent in New Zealand already. You know, Jones and Company in Wellington.

Clark: Oh, I didn't know they are handling your products. But it's strange we don't see many of your wonderful speakers being sold in New Zealand. Maybe it's time for you to reconsider your business in that country, if you do not mind my saying so.

> 価格、割引ポリシー、船積みなどの交渉は円滑に進みました。しかし最低購入金額の件になると、クラーク氏はオーストラリアとニュージーランドという販売地域と、独占的販売権を絡めて交渉してきました。田中さんとしては、ニュージーランドにはすでに代理店があるので同意できません。するとクラーク氏は、あまり華々しくないニュージーランドのビジネスを考え直してはいかがかとカウンターパンチを放ってきました。しかしこの件は即答できません。

Track
35

Tanaka: It's true we are not selling many speakers in New Zealand, but at this moment, we do not have any intention to reconsider our relations with Jones and Company.

Clark: Fine. We'll leave that for future discussion. So, we won't be able to get an exclusive right in New Zealand. Is that correct?

Tanaka: I'm afraid so. But we are willing to grant you exclusivity in your market, that is, in Australia. And I should think that, with the market potential indicated in your research, you'd be able to buy our products at least in the minimum quantity every year.

Clark: That may be so, but in the first and second years, we may not be able to sell as many speakers as indicated in the study, simply because we need time to establish brand recognition among consumers.

> 田中さんは、ニュージーランドの件について、今回はあきらめてもらうことをクラーク氏に了承させました。その一方でオーストラリアでの独占的販売権を与える用意があることを伝えました。クラーク氏は、それならば消費者にブランドが知られていないので、最初の1〜2年は最低購入金額を達成できないかもしれないと粘ります。

Tanaka: Well, that's quite common in our business, isn't it? As you may well know, you might need to invest rather heavily in advertising initially.

Clark: That's exactly what we are planning to do. To help promote the sale of your products, would you be able to assist us with the expenses?

> 田中さんは、当初は宣伝広告活動する必要があると反撃しましたが、それならば広告費用を援助してもらえないかとクラーク氏は交渉を続けます。

Tanaka: Unfortunately, we really can't help you there, Mr. Clark. It is our company policy to have all sales-related expenses, including advertisement expenses, which are payable locally, borne by our distributors.

Clark: I understand. At any rate, I think we'll be able to meet your minimum purchase amount.

Tanaka: Good.

> 自分のリスクで商品を販売する販売代理店としては、これは筋がとおらない要求であると思うので、田中さんは会社の方針をたてにこの要求を断ります。クラーク氏もこれを了承しました。

Clark: Now, shall we talk about the term of our contract?

Tanaka: Certainly. Would three years be all right? That's our standard term for distributorship agreements.

Clark: That's fine with us. Also, we need to talk about the renewal of our contract.

Tanaka: That's right. We usually negotiate the renewal of the contract three months prior to its termination. I hope you'll find it satisfactory.

Clark: Very good, Mr. Tanaka. We can call it a deal, can't we?

Tanaka: Yes, let's shake on it.

> 最後に契約期間と契約更新の話になり、無事に合意に達しました。最後は握手で締めくくることができました。

訳

クラーク：田中さん、電話でもお話ししましたように、当社は、御社が製造する高品質スピーカーを扱うことにとても関心があります。ご存知かもしれませんが、当社はメルボルンを本拠とするオーディオ製品の卸売業者で、オーストラリア全土に支店を持っております。

田　中：はい、御社のことはよく存じています。でもこれまでに取引をする機会はありませんでしたね。

クラーク：そのとおりです。今日は、まさにそのお話をさせていただこうと伺ったのです。御社は、オーストラリアに何らかの形で代理店をお持ちでしょうか。

田　中：いいえ、まだ持っていません。じつは、これからオーストラリアで市場調査をしようと考えていたのです。

クラーク：それでは、田中さん。当社は、御社のスピーカーはかなり大きな潜在性があると確信していますので、御社の販売代理店として取引をすることを申し出たいと思います。

田　中：どれほどの潜在性があるとお考えですか。

クラーク：こちらの数字を見てください。先月行った調査の結果です。有望だと思いませんか。

田　中：うーん、本当にそうですね。

田　中：あなたのおっしゃった点を明確にしたいのですが、よろしいですか。

クラーク：もちろんです。

田　中：御社は、手数料ベースで当社の製品を売る代理店ではなく、自社勘定で当社の製品を購入し、そして自らのリスクで販売する販売代理店を希望されているわけですね。

クラーク：そのとおりです。最初は手数料ベースの代理店を考えましたが、市場調査の結果から判断して、販売代理店になったほうがより利益が大きいのではないかと考えるようになりました。

田　中：それはうれしいですね。

クラーク：価格と割引に関するポリシーを提示していただきましたが、申し分ありません。また船積みについても問題なさそうです。ところで、年間の最低購入金額はありますか。

田　　中：はい、１００万米ドル相当の購入をお願いいたします。

クラーク：えーと、それはどのような形態の販売代理店になれるかによります。

田　　中：それはどういうことですか。

クラーク：オーストラリアとニュージーランドにおけるフェリシティーブランドの
スピーカー独占的販売権をいただきたいのです。そうすれば間違いなく
最低購入金額を達成できます。

田　　中：さあ、それはちょっと、クラークさん。残念ですが当社には、すでにニ
ュージーランドに１つ販売代理店があります。ウェリントンのジョーン
ズ・アンド・カンパニーです。

クラーク：彼らが御社の製品を扱っているとは知りませんでした。でも変ですね、
御社のスピーカーがニュージーランドでたくさん売られているとは思え
ません。このようなことを申し上げて恐縮ですが、御社は、ニュージー
ランドでのビジネスを再検討される時期ではないですか。

━━━━━━━━━━━━━━━━━━━━━━━━━━━━━

田　　中：当社のスピーカーがニュージーランドであまり売れていないことは事実
です。でも現時点ではジョーンズ・アンド・カンパニーとの関係を見直
すつもりはありません。

クラーク：結構です。その件は将来またお話ししましょう。それでは、ニュージー
ランドでの独占的販売権をいただくことは無理ですね。

田　　中：残念ながらそうです。しかし御社のマーケット、すなわちオーストラリ
アにおいては、よろこんで御社に独占的販売権を認めましょう。御社の
調査で示された潜在性があれば、少なくとも最低購入量の当社製品を毎
年購入するのは可能だと思います。

クラーク：おそらくそうでしょう。ですが当初の１〜２年は、調査にあるほどは、ス
ピーカーを売ることはできないと思います。消費者のブランド認知を高
めるのには、時間が必要だからです。

━━━━━━━━━━━━━━━━━━━━━━━━━━━━━

田　　中：でもそれは、この業界ではごく普通のことではないでしょうか。よくご
存知のように、最初は宣伝広告にかなりの投資をしなければなりません。

クラーク：それは、まさに当社が計画しているところです。そこで御社製品の販売
促進のために、費用を援助していただけませんか。

━━━━━━━━━━━━━━━━━━━━━━━━━━━━━

田　　中：残念ですが、クラークさん、その点ではお助けすることはできません。
　　　　　当社の方針で、宣伝広告費を含む現地で支払う販売関係の費用はすべて、
　　　　　販売代理店で負担してもらうことになっています。

クラーク：わかりました。いずれにしても御社の最低購入金額は達成できると思い
　　　　　ます。

田　　中：いいですね。

クラーク：契約の期間について話し合いませんか。

田　　中：そうしましょう。３年というのはいかがですか。当社の販売代理店契約の
　　　　　標準的な期間です。

クラーク：結構です。契約の更新についてもお話しする必要があります。

田　　中：そうですね。当社は通常、契約終了の３カ月前に更新について交渉しま
　　　　　す。これが御社にとって満足のいくものならよいのですが。

クラーク：たいへん結構です、田中さん。これで取引成立ですね。

田　　中：そうです。取引成立の握手をしましょう。

Vocabulary Notes

- high-quality　　　　　　高品質の
- leading　　　　大手の、一流の
- wholesaler　　　　　　卸売業者
- be represented
　　　　　　代理店を持っている
- market study　　　　　市場調査
- potential　　　　潜在性、可能性
- distributor　　　　　　　販売店
- promising　　　　将来性がある
- I'll say.　　　まったくそのとおり。
- clarify　　　　　　明らかにする
- commission　　　　　　手数料
- minimum　　　最低の、最小の
- Which means?
　（前の文を受けて）その意味は何
　ですか。
- exclusive　　排他的な、独占的な
- brand recognition　　ブランド認知

- consumer　　　　　　　消費者
- common　　ありふれた、普通の
- initially　　　初めは、当初は
- promote　　　　　　　促進する
- assist　　　　助ける、手を貸す
- borne
　bear（費用などを負担する）の過
　去分詞
- at any rate
　　　ともかく、いずれにしても
- term　　　　　　　　　　期間
- renewal　　　　　　　　更新
- prior to ...　　　　…に先立って
- termination　　　　　　終了
- call it a deal　（ことが）成立した
　とする
- shake on it
　　　　　（同意して）握手する

〈著者紹介〉

井 洋次郎（いい ようじろう）
1948年生まれ。慶應義塾大学経済学部卒。カリフォルニア大学ロサンゼルス校経営大学院修了。経営学修士（MBA）。米国系多国籍企業に23年間勤務。国際財務、企画、営業、システム開発等に従事。その後教職に転じ、現在、明治大学教授。NHKテレビ『3か月英会話 お父さんのビジネス英語』講師。著書に『英語ビジネススピーチ実例集』（共著、ジャパンタイムズ）、『オフィスの英会話』（共著、ジャパンタイムズ）、『TOEICテストリスニング』（共著、旺文社）、『実践英語の本番・ビジネス英会話』（共著、三修社）、『マルチトピックのビジネス英語』（共著、南雲堂フェニックス）などがある。

V. ランダル・マッカーシー（V. Randall McCarthy）
1948年生まれ。ニュージャージー州キーン・カレッジ教育学部卒。カリフォルニア大学リバーサイド校大学院修了。心理学修士（MS）。アメリカ合衆国海軍に士官として10年間勤務。その後、日本において英語教育に携わり、現在、津田英語会教員、津田塾大学講師。著書に『英語ビジネススピーチ実例集』（共著、ジャパンタイムズ）、『TOEICテストリスニング』（共著、旺文社）などがある。

ビジネス交渉の英語

2001年7月20日　初版発行
2005年3月5日　第7刷発行

著　者　井 洋次郎／V. ランダル・マッカーシー
　　　　© Yojiro Ii and V. Randall McCarthy, 2001
発行者　小笠原 敏晶
発行所　株式会社 ジャパン タイムズ
　　　　〒108-0023 東京都港区芝浦4-5-4
　　　　電話 (03) 3453-2013［出版営業］
　　　　　　 (03) 3453-2797［出版編集］
　　　　振替口座　00190-6-64848
　　　　ジャパンタイムズブッククラブ
　　　　http://bookclub.japantimes.co.jp/
　　　　上記ホームページでも小社の書籍をお買い求めいただけます。
印刷所　図書印刷株式会社

定価はカバーに表示してあります。

Printed in Japan
ISBN 4-7890-1056-2

ビジネスミーティングの英語表現

ロッシェル・カップ ■定価：本体**2400**円（税別）

外国人とのミーティングに頭を悩ませている人のために。

ソニー、東芝、トヨタ自動車、富士通など一流企業へのコンサルティング経験豊富な著者による新しいアプローチのビジネス英語表現集。

●本書の主な内容

英語ビジネススピーチ実例集

井 洋次郎／
V. ランダル・マッカーシー
■定価：本体**2200**円（税別）

日本人が英語でスピーチを求められる場面を網羅。
セレモニーからテーブルスピーチまで、短くても礼儀にかない、うけるスピーチの実例を紹介。